꿈꾸는 소비

꿈꾸는 소비

발행일	2018년 12월 28일

지은이	이 성 배		
펴낸이	손 형 국		
펴낸곳	(주)북랩		
편집인	선일영	편집	오경진, 권혁신, 최예은, 최승헌, 김경무
디자인	이현수, 김민하, 한수희, 김윤주, 허지혜	제작	박기성, 황동현, 구성우, 정성배
마케팅	김회란, 박진관, 조하라		
출판등록	2004. 12. 1(제2012-000051호)		
주소	서울시 금천구 가산디지털 1로 168, 우림라이온스밸리 B동 B113, 114호		
홈페이지	www.book.co.kr		
전화번호	(02)2026-5777	팩스	(02)2026-5747

ISBN   979-11-6299-460-3 03320 (종이책)   979-11-6299-461-0 05320 (전자책)

이 도서의 국립중앙도서관 출판예정도서목록(CIP)은 서지정보유통지원시스템 홈페이지(http://seoji.nl.go.kr)와
국가자료공동목록시스템(http://www.nl.go.kr/kolisnet)에서 이용하실 수 있습니다.
(CIP제어번호 : CIP2018042061)

(주)북랩 성공출판의 파트너

북랩 홈페이지와 패밀리 사이트에서 다양한 출판 솔루션을 만나 보세요!

홈페이지 book.co.kr   •   **블로그** blog.naver.com/essaybook   •   **원고모집** book@book.co.kr

돈을 부르는 기적의 소비 방법

꿈꾸는 소비

DREAM OF CONSUMPTION

이성배 지음

네트워크 시대, 생산적인 활동에 자신을 연결하라

북랩 book Lab

무엇을 말하고 싶은가?

우리나라 공군에서 공중급유기를 도입했다는 어릴 때 꿈을 생각나게 하는 뉴스를 들었다. 초등학교 시절에 나의 꿈은 공군 파일럿이었지만 환경을 극복하지 못하고 적응하며 사는 동안 꿈은 바뀌어 여러 직업을 갖게 되었다.

지금은 모든 것이 연결되는 연결시대이고 공유의 시대이다. 이 시대는 연결하고 공유하는 것만으로도 환경을 극복할 수가 있다. 이것은 누구나 가능하기에 환경을 탓하며 적응하며 사는 것은 권리 위에서 잠자는 것과 같다는 생각을 했다.

연결시대 이전에는 언어능력, 관계능력, 웃음능력 그리고 도구를 사용하는 능력 중의 하나를 계발해야 자립할 수 있었지만, 지금은 누구나 가능한 연결과 공유가 포함되어 있어서 그만큼 선택의 폭이 넓어졌다.

전투기가 공중에서 급유를 받으면 작전반경이 넓어지듯이 우리도 연결과 공유를 통하여 그리고 우리 모두가 가지고 있는 품성이라는 도구를 활용하여 환경을 극복할 수 있고, 꿈꾸는 소비를 할 수 있으며, 그 길을 갈 수 있다는 내용을 공유하고 싶다.

나는 20대 중반에 페르시아만의 가장 동쪽에 위치한, 여름철에는 몸에서 땀이 흐르는 것이 아니라 소금이 맺히는 담맘항(港)에서 바레인을 오가며 급유선(給油船)의 무선통신사로 13개월간 선원생활을 했다.

우리의 선박은 3천 톤급인데, 급유를 받는 선박은 대부분 수십만 톤급의 유조선으로 크기가 엄청났다. 우리가 급유를 위해 그러한 선박의 옆에 계류(繫留)하면, 마치 고목나무에 매미가 한 마리 앉아 있는 모습이었다. 50만 톤급 선박은 선미(stern) 갑판에서 선수(forecastle)를 보면 끝이 가물거릴 정도로 크다.

흔히 선박의 크기를 쉽게 표현할 때 축구장 크기에 비유하곤 한다. 축구장의 크기가 일률적이지는 않지만, 국제경기를 치를 수 있는 축구장의 표준은 길이 105m에 너비 68m라고 한다.

갑판의 넓이가 축구장 3개보다 더 큰 대형선박이 방향을 바꾸는 방법은 선교(Bridge)에서 작은 조타기(Steering Wheel)를 돌리는 것이다. 그러면 선박의 가장 후미에 있는, 선박의 덩치에 비해 아주 작은 방향타(Rudder)가 좌우로 움직이고 그에 따라서 뱃머리가 목표를 향하게 된다.

인생의 전환도 우리의 생각과 행동을 바꾸는 아주 작은 심리적 자극에 의해서 비롯된다는 생각이다. 마셜 골드스미스는 이를 트리거(Triggers)라고 표현했다.

아들과 딸, 자식 2명을 키우는 동안에는 직업을 세 번이나 바꾸며 오직 사는데 집중하느라 다른 것을 생각할 여지가 없었지만, 2013년 6월 아들마저 결혼을 하자 더 이상 집중할 대상이 없다는 사실을 알았다.

선적할 화물이 없어서 목적지를 정하지 못하고 대양의 한 가운데서 표류하고 있는 부정기 화물선과 나의 처지가 같다는 생각을 하며 삶의 의욕을 잃고 지내던 시점에 참석한 세미나에서 들은 말들이 나의 트리거가 되었다.

2013년 12월 26일 저녁, 사랑하는 딸의 권유로 암웨이 "Grand Open Meeting" 일명 GOM이라는 세미나에 참석하여 생소했던 경제 관련 용어와 소득의 속성 그리고 삶의 방식 등에 관한 얘기를 들은 후 지나간 나의 삶과 방식에 대하여 뒤돌아 보고, 기대수명 80세로 인하여 20년은 더 살아야 하는 미래에 대하여 연말 내내 많은 생각을 했다.

그 해 겨울 광주에는 유난히 눈이 많이 내렸었다. 이불을 뒤집어쓰고 오직 책과 함께 몇 날을 보낸 후 남은 인생을 살아갈 새로운 목표를 찾았을 때의 기쁨은 이루 말할 수 없었다. 온 몸에 생기가 돌기 시작했다.

2014년 1월 5일 김효석목사가 인도하는 새해 첫 예배시간에는 새로운 목표가 생겼다는 것에 대한 감사의 기도가 저절로 나오기 시작했다. 본 예배가 시작되기 전 복음성가 '야곱의 축복'을 부를 때는 두 눈을 깜빡이며 눈물을 멈추려고 무던히 애를 써야만 했다.

종려나무에 기대어 찍은 젊은 시절의 사진을 떠올리며 나의 인생이 종려나무의 특성을 닮았으면 하는 생각을 하면서 나를 계발하여

나를 완성하고 싶은 꿈이 생겼다.

대추야자나무라고도 알려진 종려나무는 우리가 교훈을 얻을 수 있는 여러 가지 특징을 가지고 있다. 역경을 헤치고 성공하여 세상에 기여하고 공존하고 나누는 모습을 보인다.

종려나무는 척박하고 메마른 땅, 바닷가의 소금기 머금은 모래밭, 그리고 수분이 부족한 사막에서도 성장하여 열매를 맺는다.

거칠지만 무성한 잎은 그늘을 만들어 뜨거운 태양 아래 쉼터를 제공하고, 그 무성한 잎 때문에 바람도 많이 받지만 그럴수록 깊게 뿌리를 내린다.

엄청난 태풍이 불어오면 나무 끝이 땅에 닿게 휘어지지만, 뿌리가 뽑힐지언정 부러지지 않는다. 처음에는 그저 잡초처럼 자라지만, 잎이 하나둘 떨어져 나가면 연약한 속대는 점차 곧은 나무기둥을 만들어 한 그루의 과일나무가 된다.

또한 곁에서 함께 자라는 나무를 시기하거나 방해하지 않고 곧게 성장하는 특징을 가졌다. 무엇보다 이 나무의 잎사귀는 오래전

예수님이 예루살렘에 입성할 때 길바닥에 양탄자처럼 깔렸던 적이
있다.

나에게는 그 세미나가 방향타이고 인생의 티핑 포인트이다. 왜냐
하면 나는 그 세미나에서 들은 변화, 구전, 공유, 연결, 네트워크, 생
산소비자, 기여, 자본소득 등의 용어에 대하여 많은 것을 알려고 경
제를 학습하기 시작했고, 꿈꾸는 소비를 현실로 만들기 위하여 자기
계발에 관심을 가졌기 때문이다.

나는 여기서 인생의 전환점이라는 단어를 사용하지 않고 티핑포
인트라는 용어를 사용한다. 왜냐하면 변화하겠다는 열정이 들불처
럼 타올라 변화가 시작되었기 때문이다.

티핑 포인트는 어떤 아이디어나 경향, 사회적 행동이 들불처럼 번
지는 마법의 순간을 말한다. 말콤 글래드웰이 꼽은 티핑 포인트의
세 가지 특징으로는 첫째 전염성이 있다. 둘째 작은 것이 엄청난 결
과와 효과를 가져올 수 있다. 셋째 이런 변화가 극적인 순간에 발생
한다는 것이다.

이 세 가지 특징 중에서 세 번째 특징이 가장 중요하다고 하는데,
그 이유는 변화의 순간이 극적이라는 특성이 '전염성'이며 '작은 것이
엄청난 결과를 몰고 올 수 있다'는 앞의 두 특징을 설명해주기 때문
이다.

그는 저서 『티핑 포인트(Tipping Point)』에서 다양한 인적 네트워크
중심에 서서 그 네트워크를 연결하는 이들을 커넥터(Connector)라고
규정하고, 소위 뜨는 것들에 대한 폭발적 구전(口傳)의 주체인 이들
을 주목하고 관리해 나가야 한다고 강조한다.

나는 연결시대를 사는 사람들은 누구나 제약 없이 커넥터가 되어
경제의 주체로서 경제활동을 하여 진정한 자유인이 될 수 있다는

사실을 공유할 것이다.

공유를 통해 폭발적 구전을 일으키는 집단이야말로 말콤 글래드웰이 말하는 커넥터이자 폭발적 구전의 주체이다.

왜냐하면 그들의 빈번한 공유 덕분에 어딘가에 묻혀 있는 일상적인 생활의 이야기들이 인터넷 커뮤니케이션의 주요 정보와 지식으로 발굴되어 더 많은 대중에게 구전(입소문)으로 소개되고 확산되기 때문이다.

이들 모두가 온·오프라인 커뮤니케이션의 화두를 처음 만들고 던지는 사람들은 아니지만, 그 화두를 실생활에 적응시키는 삶의 실행자이고 유행의 허위와 맹점을 찾아내는 전문가이다.

이들은 공유에 익숙하고, 공유를 통해 네트워크의 커뮤니케이션을 풍부하게 만들고, 이를 활용하여 부를 축적하는 사람들이라는 의미에서 프로슈머라 할 수 있다.

프로슈머에 대한 의미를 부정적인 용어로 한정하여 해석하는 사람들도 있지만, 프로슈머의 문자적 의미는 '생산소비자'이고, 진정한 의미는 '소비자 네트워크'을 만들어 '생산에 참여하는 지혜로운 사람'이며, '꿈꾸는 소비자'로 '그 길(The Way)'을 걷고 있는 사람이다.

프로슈머의 정체에 관한 사회적인 안목은 아직도 크게 변화가 없지만 이들은 다양한 연령대에 분포되어 있으며, 각양각색의 사람들이지만 결국은 취향과 성향이 같아져서 평생을 친구이자 동료 사업가로 지낼 수 있다. 같은 연령대의 사람들은 더욱 그러하다.

공유의 본질에 비추어 볼 때 이질적인 성향의 사람은 함께하기 어려울 것 같지만, 서로의 취미와 관심사가 아무리 다를지라도 크게 문제가 되지 않는다.

왜냐하면 그들이 공통적으로 추구하는 삶의 의미는 이타적이며 모든 인간의 관심사인 보다 나은 삶을 지향하는 것으로, 이러한 삶의 목적이 무리들 속에 자발적으로 전달되기 때문이다.

나는 독자들의 감각을 깨워서 반응하는 삶이 아니라 의식하는 삶이 되는, 환경에 적응하는 것이 아니라 환경을 극복하는 삶의 트리거가 되고 티핑 포인트가 되기를 바라는 마음으로, 전문가들이 그들의 저서를 통하여 시대의 변화와 인생과 삶의 목표와 목적에 대하여 무엇을 말하고 있는지를 나의 경험을 덧붙여 소개할 것이다.

내가 중요하게 생각하는 것은 데이비드 호킨스 박사가 저서 『의식혁명』, 『놓아버림』에서 언급한 '의식'과 앨빈 토플러가 저서 『제3의 물결』, 『부의 미래』에서 언급한 프로슈밍과 물결이론이다.

이것을 충분히 이해하면 분명히 의식수준이 올라가고 생각이 바뀌고 그로 인해서 삶이 바뀔 것이다.

변화를 수용하고, 낯선 새로운 것을 이해하고, 내 것으로 만들기 위해서는 관찰, 책, 세미나 등 내가 접할 수 있는 여러 방법으로 배우고 경험하여야 한다. 그중 쉽게 접할 수 있고 효율적이며 효과적인 것의 하나가 책이다.

소설이나 업무에 관한 책은 대부분의 사람들이 읽는다. 그것을 읽는 많은 이유가 있겠지만 나의 경우 우선 취미와 재미, 그리고 일과 관련하여 발등에 떨어진 불을 끄기 위한, 즉 재미와 반응하는 삶의 독서였다.

직장인이나 자영업자가 경제와 자기계발 서적을 읽을 여유와 시간이 없다고 한다면, 그것은 정말로 바쁘기보다는 당장 필요를 느끼지 못하기 때문에 스스로 바쁘다는 핑계를 대는 경우가 더 많을 것이다.

시간경영에 있어서 바쁘고 중요한 것은 사실상 그렇게 많지 않다. 그리고 성공은 바쁘지 않지만 중요한 일에 시간을 할애한 사람의 몫이었다. 의심할수록 확인해야 할 것이 많듯이 바쁠수록 읽어야 할 책이 분명히 있다.

좋은 책을 찾을 줄 아는 것도 능력이며, 나처럼 책을 사서 보는 사람의 경우에는 누군가의 추천을 받으면 그만큼 노력과 비용이 절감되기 때문에 내가 읽어본 좋은 책의 내용을 공유하고 추천할 것이다.

독서는 가장 공감하는 경청이라고 여긴다. 우리는 모든 감각기관을 통해서 배우는데, 우선 하고 싶은 의지가 있어야 한다. 만지기와 맛보기는 수족의 한계만큼 가깝지 않으면 혼자서는 불가능하며 듣기, 보기, 냄새 맡기도 거리가 주는 영향이 매우 크기 때문에 효율적으로 배우고 경험하려면 가까이 다가가야 한다.

책을 본다는 것은 이미 자유의지가 작용하고, 장소와 시간과 거리에 구애받지 않고 모든 감각기관을 가장 가까이서 활동하게 할 수 있기 때문에 가장 능률적인 학습방법의 하나라고 할 수 있다.

나는 꿈꾸는 소비에 도움이 되는 많은 경제관련 서적과 자기계발 서적을 보고 공감하는 부분을 정리하고 인용하며 이 책을 썼다. 그 이유는 비록 소비자지만 큰 목표를 갖고 의도하는 삶, 의미 있는 삶을 사는데 도움이 될 것으로 생각했기 때문이다.

우리 소비자는 경제의 주체이다. 그럼에도 불구하고 대부분의 소비자는 경제활동의 변두리에서 부를 외면하며 살고 있다. 나는 꿈꾸는 소비가 우리 소비자에게 부를 안겨줄 수 있다고 본다.

나는 이것을 이해하기 위해서는 이성적이고, 지혜로우며, 의미 있는 삶에 관점을 두고, 개별의 사물이나 표상(表象)에서 공통된 속성이나 관계 등을 뽑아낼 수 있는 로그 400까지 의식수준을 끌어 올려야 한다고 생각한다.

왜냐하면 지식정보시대 이후의 생산요소인 '이해(Understanding)'를 이해하려면 그 수준의 의식이 필요하기 때문이다.

변화를 시도하고, 변화를 수용하고, 경제적 자립으로 자유를 원하며 부단히 자기를 계발하여 타인의 삶을 개선시키고, 보다 나은 세상을 만들려고 시도하는 모든 사람을 응원하고 존경하며 감사한다.

왜냐하면 그들은 내가 이 책에서 말하고 싶은 그 길(The Way)을 이미 가고 있다고 믿기 때문이다.

꿈을 이룰 로드맵이 있는가?

산업시대의 부(富)는 꿈과 목적과 의지를 가진 사람이 도구를 가지고 천연자원을 변형하여 얻었다. 지식정보시대 이후의 부(富)는 꿈과 목적과 자유의지를 가진 사람이 그 시대의 도구를 활용하여 그 시대의 생산자원을 변형하여 얻는다.

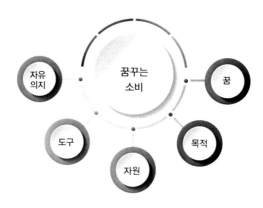

나는 꿈이 있는가?
그 꿈의 목적이 있는가?
그 꿈을 이룰 자유의지가 있는가?

그렇다면
내가 가진 천연자원은 무엇인가?
내가 가진 이 시대의 생산자원은 무엇인가?

그렇다면
그 천연자원을 변형할 나의 도구는 무엇인가?
이 시대의 생산자원을 활용할 나의 도구는 무엇인가?

★ 나의 로드맵

꿈	• 그 길 〈The Way〉 걷기 • 신(神)의 길 • 부(富)의 길 • 강(康)의 길 • 미(美)의 길
자유의지	• 자기계발 하기 • 품성 인식 • 능력 인식 • 의식 수준
목적	• 나를 계발하고 • 타인의 삶을 개선시키고 • 보다 나은 세상을 만드는데 기여하기
자원	• 생활필수품 • 경험 • 서비스 • 스토리 • 시간
도구	• 프로슈밍 • 시스템 • 연결 • 공유

차례

CHAPTER 01 │ 꿈꾸는 소비

CHAPTER 02 │ 성장마인드

CHAPTER 03 │ 배움의 대상

CHAPTER 04 │ 인간의 품성

CHAPTER

01

꿈꾸는 소비

꿈꾸는 소비란 무엇인가?

단어의 의미를 모르면 이해하기가 무척 어렵고, 소통하기도 어렵다. 그러나 서로가 사용하는 단어의 의미를 알면 긴 설명이 필요 없다. 꿈, 희망, 바램, 기대, 꿈꾸다, 희망하다, 기대하다, 바라다, 원하다 등의 단어는 의미가 너무 비슷하여 질문자의 의도와 다른 대답을 하게도 한다.

표 1-1 용어의 정의

꿈	잠자는 동안 일어나는 심리적 현상의 연속
	실현시키고 싶은 희망이나 이상
	실현될 가능성이 아주 적거나 전혀 없는 허무한 기대나 생각
꿈꾸다	이루어지기를 바라거나 꾀하다
	꿈을 꾸다
희망	앞 일에 대하여 좋은 결과를 기대함
	앞으로 어떤 일을 이룰 수 있는 가능성
희망하다	좋은 결과가 나오거나 이루어지기를 기대하고 바라다
기대	어떤 일이나 대상이 원하는 대로 되기를 바라고 기다림
기대하다	이루어 지기를 바라고 기다리다
	이루리라 믿고 기다리다
바램	'바람'의 비표준어
	바람(어떤 일이 이루어지기를 바라는 마음)
바라다	마음속으로 기대하다
	차지하기를 기대하다
	말 듣는 상대방에게 요청하다
원하다	기대를 가지고 바라다

내가 꿈의 의미를 정확히 모를 때, "꿈이 무엇이냐"고 누군가 물으면 그저 되고 싶은 것, 갖고 싶은 것, 하고 싶은 것, 가고 싶은 곳을 막연히 말했고, 내가 친구들한테 물을 때도 친구들은 "건강하고, 무탈하고, 자식들도 잘되고 했으면 좋겠다."고 말했다.

이러한 것은 꿈이 아니라는 사실을 나는 이제 안다.

내가 승선 생활을 하던 시절, 대양의 한 가운데 고요한 바다 위에 비친 달빛이 마치 황금으로 만든 4차선 고속도로인 듯이 보여, 성능 좋은 스포츠카를 타고 단숨에 집으로 달려가고 싶다는 생각에 포르쉐 911 자동차를 갖고 싶었다.

만약 이 차를 갖기 위해 젊어서부터 이 자동차 몫으로 저축을 했다면 이 같은 기대가 꿈이었겠지만, 어느 날 갑자기 생긴 목돈으로 마련했다면 이것은 꿈도 아니고, 꿈을 이룬 것도 아니다.

표 1-1을 자세히 읽어보면 알 수 있듯이 '꿈을 꾼다'는 것은 단순한 버킷 리스트(bucket list)의 목록이 아니다. 왜냐하면 꿈은 지금 하는 일을 당장 그만두면 할 수 있는 것도 아니고, 누군가의 도움만으로 할 수 있는 것도 아니기 때문이다.

우리가 꿈꾸는 것들은 우리가 하는 어떤 소비의 생산물로, 이러한 것들을 이루기 위해서는 분명히 대가를 치르는 나의 생산활동, 즉 내가 가진 자원을 소비하는 활동이 전제(前提)되어야 가능하다.

내가 말하고 싶은 꿈은 '이루어지기를 바라는 일을 위해서, 내가 계획을 세우고, 내가 지속적으로 시도하는 것'을 의미하며, 그저 요행(僥倖)을 바라는 것은 꿈꾸는 것이 아니다.

나는 경험을 통해서 '꿈은 크고 구체적이어야 한다'는 것을, 그리고 '꿈은 이루어진다'는 것을 배웠다. 65세인 지금 지난 세월을 돌이켜 보면 그야말로 꿈이 너무 작고, 꿈이 너무 없었던 것이 문제였을 뿐 '꿈꾸는 대로, 생각대로 살아왔다'는 것을 확실히 느낀다.

나는 미인과 결혼하기를 꿈꿔서 1980년 만 26세에 누가 봐도 아름다운 경북 영덕 출신의 미녀와 부산서 결혼을 했고, 서울에 살기를 꿈꿔서 1983년 가락동에 아파트를 소유했으며, 광주로 이사하기를 꿈꾸고 주택을 원해서 1985년 광주에서 신축한 주택에 살았다.

1990년에는 1백만 원 정도의 시스템 수입이 있으면 노후에 충분할 것으로 생각하여 그것을 꿈꾸었고, 실제로 근린상가주택의 임대소득 월 60만 원과 국민연금소득 월 40여만 원을 받게 되면서 소름이 돋을 만큼 꿈처럼 되었다.

모든 꿈이 이루어질 줄 안다면, 아무도 이렇게 살지는 않았을 것이다. 오직 무엇을 갖겠다는 생각만 하였지, 무엇이 되겠다는 생각은 전혀 없이 살았다. 이것저것 핑계를 대면서 현실이 조금 나아지기를 바랄 뿐 지경(地境)을 넓히려는 꿈의 날개는 펼치려고 생각도 안 했다.

꿈이란 생각, 기대, 희망, 바램, 기타 원하는 것이 아무리 실현가능성이 적거나 허무맹랑해도 이것을 이루기 위해서 계획하고, 지속적으로 시도하는 것을 의미한다.

꿈은 포기하지 않는 이상 절대로 이루어진다. 꿈꾸는 소비에 있어서는 더욱 그렇다. 전업주부나 은퇴한 사람이 "다이아몬드"를 꿈꾸다 "플래티넘"이 되었다고 해도 꿈이 지연된 것뿐이지 이루지 못한 것은 아니고, 실패한 것은 더더욱 아니다. 그저 계속해서 걸어갈 수 있는 길이 있느냐가 더 중요하다고 본다.

소비와 생산은 순환하기 때문에 소비 없는 생산과 생산 없는 소비는 지속될 수가 없다. 그리고 우리의 소비가 더 나은 생산을 목적으로 사용될 때만 우리는 발전할 수 있고 성장할 수 있다.

우리가 생산으로 연결되지 않는 소비를 한다면, 또 소비를 자원으로 생각지 않는다면, 우리는 그냥 자원을 낭비하는 것이다. 그렇게 되면 우리는 원하는 삶, 즉 꿈꾸는 소비를 할 수 없을 것이다.

소비라고 하면 우리는 우선 제품과 서비스를 떠올리지만 그것만이 소비재가 아니다. 시간, 공간, 자본, 지식, 정보 등 미처 깨닫지도 못하고 소비하는 무형의 수많은 자원과 유·무형의 천연자원이 있으며, 숨 쉬는 것마저도 하나의 소비이고, 이는 곧 신체의 생산활동으로 이어지고 있다.

무의식적으로 이루어지는 신체활동인 호흡을 의식적으로 하면 살아있음을 생생하게 알아차릴 수가 있어서 현실과 현상을 깨닫고, 마음이 머물고 있는 곳도 알 수 있다. 또한 정신을 깨어 있게 하고, 반응하는 수동적인 삶보다는 생각하는 능동적인 삶을 살 수 있게 한다.

꿈꾸는 소비는 예민한 감각을 요구한다. 단순히 숨 쉬지 말고 '나는 호흡하고 있는가?'라고 물으며 의식적으로 숨을 쉬면서 감각을 깨워야 한다.

이 질문은 주로 과거와 미래에서 머물며 방황하는 마음을 원하는 곳에 집중하도록 '예민한 감각을 유지하고 있는가?'란 질문이고, '나는 의식을 갖고 소비생활을 하며 그 소비를 생산으로 연결시키고 있는가?'란 질문으로, 이러한 질문은 우리의 삶과 부(富)에 대한 감각(感覺)을 키워줄 것이다.

우리가 수천 년간 지속된 농경시대와 수백 년간 지속된 산업시대처럼 변화가 더딘 세상에서 살고 있다면 그토록 예민한 감각이 필요 없을 수도 있겠지만, 급변하는 세상에서 원하는 삶을 살기 위해서는 변화를 주시하고 변화를 느낄 수 있는 예민한 감각이 필요하다.

표 1-2 생필품의 소비와 호흡 활동의 닮은 점

내용	
1	살아있다는 증표다
2	보통은 무의식 상태에서 이루어진다
3	의식적으로 할 수도 있다
4	살아있는 동안에는 멈출 수가 없다.

변화를 감지하는 예민한 감각이 있는 사람들은 우리의 호흡 활동과 매일 쓰는 화장품이나 가정의 세제 등 생활필수품을 소비하는 행태(行態)가 표 1-2와 같은 면에서 동일하다는 것을 알 수 있을 것이다.

즉 생활필수품의 소비도 호흡만큼 중요하다는 사실을 깨닫게 하고, 그러한 깨달음은 호흡이 생산활동을 하고 있듯이 생활필수품의 소비도 생산활동으로 이어질 수 있음을 알게 한다.

생활필수품의 소비가 반복되는 일이라고 하여 꿈꾸지 않고, 의식하지 않고, 필요에 따라서 무의식적으로 한다면 길들여진 소비자, 꿈 없는 소비자로 살아갈 것이다. 하지만 시대의 변화를 학습하여 필요에 의해서가 아니라 필요를 위해서, 즉 꿈을 위해서 의식을 갖고 계획적으로 소비생활을 하며 그 계획을 지속하면, 삶이 바뀌고 인생이 바뀌며 꿈꾸는 소비를 할 수 있을 것이다.

우리는 어떤 소비를 꿈꾸는가? 소비는 생산으로 연결되는데 생산은 외면하고 단순한 소비만 꿈꾸며 사는 것은 아닌가? 우리가 원하는 것이 있다면 그것은 모두 생산과 연결된 소비를 꿈꾸는 것이다. 왜냐하면 돈과 시간과 에너지와 제품과 서비스를 소비하지 않고서

는 그 어떤 것도 가질 수도, 갈 수도, 할 수도 없으며, 그 꿈이 크고 야무질수록 더 많은 시간과 돈과 에너지와 지식과 정보 등의 자본이 필요하기 때문이다.

이렇듯 꿈은 생산적인 활동을 하지 않고서는 이루어질 수 없는 것이므로 동전의 양면이 함께 하듯이 소비를 꿈꾸면 생산도 꿈꿔야 한다. 생산과 연결된 소비를 하지 않고서는 아무것도 이룰 수가 없다.

특히 부를 상속받지 못한 사람들은 꿈꾸는 소비를 생산으로 연결시키는 방법을 찾지 않고서는 원하는 소비를 현실로 만들 수가 없을 것이며, 더군다나 가진 것이 "흙수저"뿐이라면 더욱 그렇다.

우리가 꿈꾸는 많은 소비는 지식과 정보를 바탕으로 우리의 자유의지가 침해당하지 않을 만큼의 시간적, 경제적 자유를 얻는 생산적인 방법을 찾게 될 때 비로써 가능성이 보일 것이다.

우리는 산다 〈Live〉

그리고 산다 〈Buy〉

그러면서 판다 〈Sales〉

우리가 지금 사는 세상은 자급자족하는 원시시대가 아니므로 사지 않고, 팔지 않고는 살 수가 없다. 우리들은 자신의 것을 팔기 위해 미디어 등 수많은 매체와 수단을 동원하여 서로를 유혹하므로 사는 능력(소비하는 능력), 생산하는 능력 그리고 파는 능력(광고 유통하는 능력)을 키워야 꿈꾸는 소비, 그 길을 갈 수 있다.

혹시 '나는 사기만 하고 팔지는 않는다'고 생각한다면 다니엘 핑크의 저서 『파는 것이 인간이다』를 읽어볼 필요가 있다. 그는 "사람의 마음을 움직이는 모든 일은 세일즈다!"라고 한다.

목적이 개입되지 않는 단순한 삶에 대하여 생각해보면, 우선 의식적이든 무의식적이든 숨을 쉬고 있으며, 시간과 공간과 자본을 소비하고, 에너지와 물, 공기, 음식 등의 천연자원을 비롯해 공산품인 제품과 서비스, 그리고 지식 정보 경험 등을 대가를 지불하고 사서, 아니면 자연의 혜택으로 소비하며 사는 것이다. 그렇지만 '산다는 것'에는 추구해야 할 길이 있고, 그 길을 따라서 걸어가는 삶이야말로 의미 있고 바람직한 삶이라는 생각이다.

그 길 〈The way〉은
신(神)의 길 〈The God's Way〉
부(富)의 길 〈The Wealth Way〉
미(美)의 길 〈The Beauty Way〉
강(康)의 길 〈The Health Way〉이다.

나는 "하나님과 이웃을 사랑하라."는 예수님의 말씀을 따르고 싶고, 삶의 목적을 찾고 싶으며, 경제적 시간적 사회적 부자로 진정한 자유인으로 살고 싶다. 또한 젊어지고 싶고 아름다워지고 싶으며, 또 육체적·정신적으로 건강하고 행복하게 살고 싶은 욕구를 가지고 있다. 이것은 인간의 기본적인 욕구임에 틀림없기에 나는 물론이고 모든 사람들이 '그 길'을 걷는 방법에 대하여 알기를 원할 것으로 본다.

소비란 경제학 용어로서 욕망을 충족하기 위해 재화나 용역을 소모하는 일을 말하며, 본래적 소비와 생산적 소비, 그리고 협력적 소비가 있다. 또한 교환가치를 잃는 것이나 자원을 사용하는 것을 뜻하기도 하고, 생산의 반대말이지만 협의(狹義)의 정의다.

결국은 '소비가 삶'이므로 시간과 공간과 자본과 상품과 서비스를 어떤 의식을 갖고 어떻게 소비생활을 하느냐, 즉 본래적 소비보다는 생산적, 그리고 협력적 소비를 하여야 원하는 삶, 현명한 삶, 행복한 삶을 살 수 있을 것이다.

비록 체감 실업률이 역대 최고를 기록하고 있지만 우리는 지금 생산적이고 협력적인 소비를 통해서 '꿈꾸는 소비'를 할 수 있는 연결시대에 살고 있으므로 꿈을 위한 소비를 할 줄 알아야 한다. 특별한 능력이 없는 보통사람들이 가난에서 벗어날 수 있는 유일한 시대가 바로 지금의 연결시대이다.

표 1-3 우리집 생활필수품

나의 집에는 건강기능식품, 공기청정기, 정수기, 조리기구, 화장품, 세면도구, 세탁용품 등을 비롯하여 매일매일 사용하는 없어서는 안 되는 많은 종류의 소모품이 있다. 줄잡아 세어 봐도 50여 종은 넘는 듯하다. 생활필수품이 의외로 많다는 사실을 눈여겨보고 세어보면 알 것이다.

나는 이들을 가까이 두고 사용하는 것을 좋아하고 즐거워한다. 왜냐하면 내가 사용해본 경험을 공유하거나, 광고를 하면 내게 수입으로 돌아오는 꿈을 가득 품고 있는 기분 좋은 제품이기 때문이다.

꿈꾸는 소비란

꿈이 있는 제품을 쓰고,
꿈이 있는 서비스를 이용하고,
꿈이 있는 스토리를 말하며,
꿈을 이루도록 에너지와 자원을 소비하고,
꿈을 잃어버린 사람이 있다면,
그도 꿈을 찾도록 이들을 공유하는 것이다!

나를 계발하고,
타인의 삶을 개선시키고,
보다 나은 세상을 만드는데 삶의 목적을 두고,
'그 길'을 걷자!
꿈꾸는 소비가 꿈꾸는 '그 길'은
신(神)의 길,
부(富)의 길,
미(美)의 길,
강(康)의 길이다!

이제,
연결하고, 연결하고, 연결하자!

공유하고, 공유하고, 공유하자!

그리하면,

선한부가 쌓이고, 쌓이고, 쌓일 것이다!

그리하여,

나누고, 나누고, 나누며, 행복해 하자!

하나님이 천지를 창조하실 때,

"좋았더라, 좋았더라, 좋았더라, 좋았더라, 좋았더라."고 하셨던 세 상이다!

CHAPTER

02

성장 마인드

성장하는 사람들은
어떤 마인드를 가졌는가?

　보다 나은 사람으로 성장하기 위해서 우리가 우선적으로 해야 할 일은, 내가 나를 일으켜 세우는 것이고 내 안에서 나를 만드는 것이다. 이것을 하기 위해서는 '나는 모른다'에서 출발하여야 한다.

　애덤 스미스의 『도덕감정론』을 해석한 러셀 로버츠의 저서 『내 안에서 나를 만드는 것들』은 나를 일으켜 세우는 것에 대하여 많은 것을 말하고 있다.

　우리가 불러들여 맞이하고, 또 주어진 환경에 적응하며 살아가는 동안 형성된 사물을 보는 시각을 관점이라 한다. 관점은 주관적인 것으로 공정성과 합리성을 벗어난 경우가 있기 때문에 우리는 사물과 사건에 대하여 누구나 편견을 가지고 있다는 사실을 인정해야 한다.

　이러한 편견은 배움을 방해하고, 사실과 달리 그릇되게 하거나 진실과 다르게 해석하게 한다. 그래서 내가 편견을 가지고 있을 수 있다는 사실을 인정하지 못하면 대화의 단절이 이루어지고, 소통의 어려움으로 관계가 소원해지며, 새롭게 배우려 하지 않기 때문에 자기발전에 커다란 지장을 초래한다.

　"20세기 문맹은 글을 모르는 사람이지만 21세기 문맹은 배우지 않으려고 하는 사람이다."라는 앨빈 토플러의 말을 새겨봐야 한다.

　에이미 E 허먼은 저서 『우아한 관찰주의자』에서 관점의 마지막 정의는 '사물을 진정한 중요성에 비추어 바라보는 능력'이라고 말한다.

우리의 삶에 있어서 무엇이 중요한지에 대한 우선순위를 정하는 것에서부터 바라보는 능력이 향상되며, 그것의 시작은 '변화하겠다'는 마음가짐이다.

우리가 어떤 새로운 사실에 접근할 때 충분한 의심과 신중한 검증의 과정을 거치는 것은 바람직하다. 그러나 의심하면서도 사실은 확인하지도 않고 자신의 패러다임 때문에 고집하거나 아집에서 벗어나지 못하면, 그로 인한 손해는 고스란히 자신의 몫으로 돌아간다는 것도 잊지 말아야 한다.

우리가 신중히 검증한다는 것도 실은 객관적이지 않고 의도와 목적이 개입될 수 있다는 사실을 간과해서도 안 된다. 왜냐하면 하지 않을 이유를 찾기 위한 검증도 있고, 해야 할 이유를 찾기 위한 검증도 있기 때문이다.

부정성이 지배하는 닫힌 마음의 소유자는 하지 않을 이유를 찾는 데 뛰어난 재능이 있다.

이러한 사람들의 경우, 행동이 따르는 일에 대한 검증의 객관성을 유지하기 위한 간단한 방법이 있다. 일을 했을 때와 하지 않았을 때 일어날 수 있는 장단점, 즉 혜택과 손해를 백지를 양분하여 좌우 측에 기록해보는 활동이다. 이 활동은 분명 도움이 될 것이다.

베르트랑 피카르는 저서 『인생의 고도를 바꿔라』에서 "의구심을 믿고 확실성을 의심하라. 의심이라는 낱말이 부정적일 때는 판단을 마비시키는 망설임과 끝없는 심사숙고를 뜻할 때다. 의심의 가치는 답을 찾을 수 없는 질문에 열린 자세다."라고 한다.

닫혀 있으면 작동하지 않는 것들이 아주 많이 있는데, 사람의 마음이 가장 대표적인 것 중 하나이다. 마음이란 "감정이나 생각, 기억 따위가 깃들거나 생겨나는 곳."이라고 정의한다.

나는 '깃들다'란 단어를 보면 '깃'이 새의 날개를 의미해서 그런지 새의 둥지가 생각난다. 새의 둥지가 닫혀 있으면 새는 드나들 수가 없다. 마찬가지로 마음이 열려있지 않으면 어느 누구의 의견도 듣지 못하며, 주변 사람들을 답답하게 하고, 기회라는 문도 열 수가 없다. 교황 요한 바오로 2세는 "닫힌 마음이 가장 끔찍한 감옥이다."라고 표현했다.

나는 시골에서 자라면서 초등학생 수준의 어린 나이임에도 소를 먹이기 위한 꼴을 베러 다녔다. 어린 탓에 낫질은 서툴 수밖에 없었고, 낫에 베인 손가락의 상처는 지금도 흉터로 남아 있어서 그 시절을 생생하게 기억한다.

풀밭에 있는 주먹만 한 돌멩이가 풀을 베는 낫에 걸리면 다음에 꼴 벨 일을 생각하여 그 돌을 들춰내 돌무더기가 많은 곳으로 던져 버리는데, 돌 밑에는 햇빛을 받지 못한 풀들이 꿈틀거리듯 허연 모습으로 몸부림치거나 썩어가거나 지렁이와 벌레들의 서식처가 되어 있곤 했다. 그런 것을 많이 보아서 그런지, 우리의 마음이 닫힐 때 그런 현상이 일어날 것 같다는 연상을 하곤 한다.

우리는 우리가 동의해야만 다른 사람의 마음과 행위를 받아들일 수가 있다. 오늘 컴퓨터의 원격지원 서비스를 받으면서도 많은 것을 동의해줬다.

스마트폰의 앱 하나를 사용하기 위해서도 많은 것을 허용하고 동의해주듯이, 소통하고 배우기 위해서는 마음을 여는 것을 기꺼이 허용하고 동의해야 한다.

열린 마음은 자기 발견과 성장의 시작이다. 마음이 열려 있다고 하는 것은 학습능력이 있다는 것이고, 이는 성공적인 삶과 관련이 있다. 발전하지 못하는 사람들은 마음을 닫고 의심부터 한다. 그러나 발전하는 사람들은 마음을 열고 듣고 배우고 새로운 방식으로 세상을 보며 검증을 한다.

열린 마음이 정말 중요한 것은, 우리의 삶에 있어서 "나는 한 수 있다."는 가능성과 성장성에 대한 마음을 닫음으로써 스스로 풍요로움을 차단하고 전능한 신의 능력인 무한한 공급의 법칙이 우리를 위하여 작용하지 못하게 하는 경우가 많이 있기 때문이다.

무한한 공급의 법칙이란 능력의 하나님과 소통하여 능력을 받는 것을 의미한다. 우리의 경험과 지식은 한계가 있지만, 어떤 일에 대하여 깊이 있게 사고하면 새로운 아이디어가 떠오른다.

그 새로운 것은 전지전능하신 하나님과 동행하고 소통하는 자에게 주어지는 선물이며, 이것은 우리가 하나님의 생기로 생명을 얻었기에 가능한 것이라고 믿는다.

창세기 2장 7절

The LORD God formed the man from the dust of the ground and breathed into his nostrils the breath of life, and the man became a living being.

여호와 하나님이 흙으로 사람을 지으시고 생기를 그 코에 불어 넣으시니 사람이 생령이 된지라.   _ 이 책에서 인용되는 모든 성경구절은 NIV/개역개정이다.

표 2-1 데이비드 호킨스 박사의 의식지도

로그	수준	감정	삶을 보는 관점	신을 보는 관점	과정
700~1000	깨달음	형언 못할 강도	존재한다	큰 나	순수 의식
600	평화	지복	완벽하다	모든 존재	광명 얻기
540	환희	평온	완전하다	하나	변모하기
500	사랑	존경	상냥하다	사랑한다	계시 받기
400	이성	이해	의미 있다	지혜롭다	추상하기
350	받아들임	용서	조화롭다	자비롭다	초월하기
310	자발성	낙관	희망적이다	격려한다	마음먹기
250	중립	신뢰	만족스럽다	가능하게 한다	풀려나기
200	용기	긍정	해낼 수 있다	허용한다	힘 얻기
175	자부심	경멸	부담스럽다	무관심하다	부풀리기
150	분노	증오	적대적이다	앙갚음한다	공격하기
125	욕망	갈망	실망스럽다	부인한다	사로잡히기
100	공포	불안	공포스럽다	벌 주려 든다	물러나기
75	비탄	후회	비극적이다	업신여긴다	낙담하기
50	무의욕	절망	절망적이다	심하게 나무란다	팽개치기
30	죄책감	원망	악의적이다	앙심을 품고 있다	망가뜨리기
20	수치심	굴욕	비참하다	하찮게 여긴다	없애기

　데이비드 호킨스 박사는 저서 『의식혁명』에서 "힘(power)과 위력(force)이 인간 행동의 숨은 결정자이며, 이는 '의식이다.'"라고 한다. 표 2-1은 데이비드 호킨스 박사의 의식수준을 나타내는 도표로 용기와 긍정성이 인간 성장의 기준임을 밝히고 있다.

　로그 200 이상의 파워(power)는 에너지와 능력과 긍정성을 말하고, 로그 200 미만의 포스(force)는 위력과 강요된 힘과 부정성을 말한다. "부정성은 악심(惡心)이다."라고 표현하기도 한다.

우리의 에너지가 부정에서 긍정으로 바뀌는 결정적 분기점인 로그 200의 용기수준에 이르면, 내면의 참된 잠재력이 처음으로 나타나기 시작하며, 삶에서 열정을 느끼고, 생산적, 독립적, 자율적으로 효과 있는 행동을 할 수 있다고 한다.

로그 200의 긍정적인 감정에 이르러, 우리는 비로소 인생이 우리에게 주는 기회를 효과적으로 처리할 수 있는 힘을 느끼고, 두려움이나 결점에도 불구하고 성장할 수 있다는 자신감을 가질 수 있으며, 장애물을 만난다 할지라도 잠재력을 갖기 시작한 이 수준의 사람들은 이를 자극제로 활용한다는 것이다.

로그 200의 용기는 사람들이 무엇인가를 성취함으로써 또 다른 무엇인가를 할 수 있다는 긍정적인 힘을 얻고, 이 에너지를 바탕으로 삶에서 열정을 느끼고 단호하게 "나는 할 수 있다."라고 말하는 수준이다.
용기는 우리에게 기꺼이 새로운 것들을 시도하게 도와주고, 파란만장한 인생을 긍정적으로 전환시켜줄 수 있는 마음가짐이다.

표 2-1의 의식지도에서 우리가 집중적으로 봐야 할 곳이 로그 200과 로그 400이다. 200은 의도하는 삶의 출발점이고 400은 의미 있는 삶의 출발점이기 때문이다.

표 2-2 성공의 라이프스타일

성장하는 사람들은 분명히 성장마인드를 가지고 있다. 그들의 행동은 능동적이며, 심리는 긍정성을 추구하고, 자신이 너무 모른다는 사실을 인정하고, 배우려고 노력하며, 시간은 미래에 머물고, 변화를 두려워하지 않으며, 안전지대와 안락지대를 일치시키려고 한다.

성장하는 사람들의 마인드는 '비전이 주는 긍정성'이라는 능력과 힘을 주는 파워(power)와 에너지를 바탕으로 하며 그들은 지혜를 간구(懇求)하고 기쁘게 능동적으로 행동하기 때문에 성공한다.

표 2-3 실패의 라이프스타일

반면에 성장하지 못하는 사람들은 좌절이 주는 부정성과 힘을 빼앗아가는 강요된 힘(force), 그리고 위력으로 어쩔 수 없이 수동적으로 행동하기 때문에 실패한다. 그들은 두려워하고 의심하며, 그 때문에 도전보다는 회피하고 싶은 것이다.

　도덕과 윤리와 양심에 전혀 관계가 없는 수치심과 부끄러움은 성장의 가장 큰 적 중 하나이다. 어른이고 어린아이고 간에 '부끄러워서 못한다'는 말을 하는데, 부끄러움이란 도덕적으로 양심에 가책을 느끼거나 죄의식에 대한 것이지 능력에 대한 것이 아니므로, 책임이 따르면 책임을 지고 미안한 마음을 표현하며 반성하는 것으로 충분하다.

　우리가 느끼는 감정, 스트레스, 질병, 인간관계, 직업, 목표 그리고 깨달음에 대하여 언급하고 있는 데이비드 호킨스 박사의 다른 저서 『놓아버림』도 내 안의 위대한 힘, 긍정성을 찾고 키우는데 많은 도움이 된다.

　나는 이 책을 통하여 용기와 긍정성 그리고 두려움을 부끄러움으로 대체하고 능력을 수치심으로 대체한다면 우리는 성장할 수가 없다는 사실을 배웠다.

표 2-4 인간의 뇌 개요

뇌의 구분	위치	기능
뇌간 〈파충류의 뇌. 생명의 뇌〉	후뇌	도주. 투쟁
포유류의 뇌	중뇌	감정. 본능
인간의 뇌 〈영장류의 뇌. 이성의 뇌〉	앞뇌	사고. 판단

뇌간은 호흡, 심장박동, 혈압조절 등과 같은 생명 유지에 필요한 기능을 담당하고, 도망칠 것인지 싸울 것인지를 결정하므로 생명의 뇌, 파충류의 뇌로 불리며, 새로운 것과 변화, 그리고 위험과 위협에 대하여 우리가 느끼는 두려움도 죽음을 생각하는 원시적인 이 뇌의 기능 때문이라고 한다.

지식정보시대를 지나 연결의 시대에 접어든 인간이 뱀의 생각을 가지고 두려움을 위험으로 판단하여 새로운 것을 회피하고 기회를 잡지 못한다면, 이는 성장마인드를 갖지 못했기 때문이다.

생각은 모든 현상을 앞서 나아가며, 마음의 밭에 씨앗을 뿌리는 것이나 마찬가지이다. 성장을 위한 긍정의 씨앗을 뿌리면 성장하고, 부정의 씨앗을 뿌리면 퇴보하게 되어있다.

"말이 씨가 된다."는 격언이 있으며, 세상이 말씀에 의하여 지어졌다는 성경구절이 있다. 우리가 마음에 심는 말 하나하나를 하나님을 대하는 마음으로 한다면 많은 축복을 받을 것이란 생각이 든다.

요한복음 1장 1절~3절

1. In the beginning was the Word, and the Word was with God, and the Word was God.

   태초에 말씀이 계시니라. 이 말씀이 하나님과 함께 계셨으니 이 말씀은 곧 하나님이시니라.

2. He was with God in the beginning.

   그가 태초에 하나님과 함께 계셨고.

3. Through him all things were made; without him nothing was made that has been made.

만물이 그로 말미암아 지은 바 되었으니 지은 것이 하나도 그가 없이는 된 것이 없느니라.

우리가 부정적인 자기실현적 예언을 하고 있다면, 그것은 자기 자신에게 말하고 있는 것이므로 그것이 미치는 영향을 이해하여야 한다. 자기실현적 예언은 미래에 대한 개인의 신념이 실제로 현재의 행위를 지배하여 현실화 되는 것을 말하기 때문이다.

자기실현적 예언의 효과는 1964년 로버트 로젠탈의 '피그말리온 효과' 실험으로 증명된 사실이다. 이것은 정신을 집중해 어떠한 것을 간절히 소망하면 불가능한 일도 실현된다는 심리적 효과와 타인의 긍정적인 기대나 관심이 개인의 능률이나 결과에 좋은 영향을 미치는 효과를 말하며, 그리스 신화에 나오는 키프로스의 조각가 피그말리온에서 유래했다.

성장마인드를 가진 사람들은 스트레스를 대하는 방법도 다르다. 그들은 스트레스를 부정적인 것으로 보지 않고 성장을 자극하는 긍정적인 것으로 본다. 성공한 사람들이 "역경이 나를 강하게 만들었다."고 하는 말은 이것을 의미한다.

살면서 마주하는 불안과 좌절과, 역경을 삶의 에너지로 생각하고 있지 않다면, "스트레스는 독이 아니라 약이다."라고 말하는 켈리 맥고니걸의 저서『스트레스의 힘』이 긍정성을 키워줄 것이다.

크리스 페일리는 저서『왜 우리는 생각에 속을까』에서 "우리가 어떤 것을 좋아하기 때문에 그것을 선택하는 것이 아니라, 그것을 선택하기 때문에 그것을 좋아하는 것이다."라고 말한다. 우리가 배움과 긍정을 선택하면 긍정성과 가능성과 용기와 변화를 좋아하게 될 것이고, 우리의 삶은 그로 인해서 틀림없이 풍요로워질 것이다.

표 2-5 성장마인드

마음	생각	습관	관계	태도	믿음	비전
낙관	긍정	지속	사랑	최선	실천	결단

낙관적인 마음으로 긍정성을 추구하며 좋은 습관은 지속하고 최선을 다하는 태도, 그리고 비전을 봤을 때 결단력을 가지고 믿음을 실천하는 것이 성장마인드이다.

이것을 가진 사람들은 겸손한 사람들이고, 마음이 열린 사람들이고, 배우려는 사람들이고, 긍정적인 자기실현적 예언을 하는 사람들이며, 그들의 마음가짐 속에는 최소한 의식의 밝기 200수준의 용기, 가능성, 수용, 동기부여 그리고 긍정성이 들어 있다.

이처럼 긍정성은 절대로 잃어서는 안 되며 우리 모두가 가져야 하는, 축복의 통로를 여는 황금열쇠이다.

CHAPTER

03

배움의 대상

꿈꾸는 소비를 하려면
무엇을 배워야 하는가?

우리에게는 살면서 배워야 하는 무수히 많은 것들이 있다. 거의 모든 것이 생존과 사회생활에 관한 것이지만, 존재가치인 삶의 목적을 찾는 것과 죽음에 관한 것을 배우는 것도 중요하다.

배움은 신체적, 정신적, 경제적으로 어제보다 나은 오늘과 보다 나은 미래를 위해서 필요하다. 그래서 "배움의 핵심은 과거의 자신보다 나아지기 위해 의도적으로 향상하는 것"이며, "과거보다 나아지려는 의도는 진정으로 고귀(高貴)한 것"이라 한다.

사물은 아는 만큼 보이고, 보려고 하는 자에게만 보이기 때문에 나의 지경(地境)을 넓히기 위해서는 배워야만 한다. 하지만 내가 모든 것을 이미 다 알고 있을 수 없다는 사실을 인정하기 전까지는 그 어떠한 새로운 것도 배울 수가 없다.

나는 우리들이 "출생으로 사람이 되는 것이 아니라 배움으로 사람이 된다."는 것을 알기 때문에 적응하고 배우려 한다고 생각한다.

배움이나 교육이란 말이 나오면 "말을 물가로 인도할 수는 있으나 마시게 할 수는 없다."는 속담이 떠오른다. 산업시대 사람들은 물가로 인도받았고, 목마르게 하는 재능을 가진 선생님에 의하여 지식을 쌓아왔다.

산업시대에 대량생산과 대량소비에 따른 대량생산 인력이 필요할 때는 이러한 교육이 효과가 있었을 것이다. 하지만 지식정보화 시대를 넘어선 연결의 시대에는 이러한 교육이 더 이상 바람직하지 않다고 본다.

우리가 '물'이란 정보를 얻으면 스스로 찾아가서 기본적인 욕구인 목마름을 해결할 뿐만 아니라 또 다른 효용이 있는지, 물이 세상을 어떻게 바꿀 수 있는지 등에 대하여 사고하고, 그 과정에서 일어나는 경험과 스토리를 공유하는 것이 이 시대를 살아가는 지혜라고 생각한다.

그래서 우리에게 필요한 것은 온전한 지식보다는 우리의 창의력을 자극하는, 행동하도록 하는, 우리가 아이디어를 얻을 수 있는 스토리와 경험이고, 이를 공유하는 연결일 것이다.

선택의 연속인 삶에서 보다 나은 선택을 하기 위해서는 경제를 학습해야 한다. 그 이유는 "경제학은 인생에서 유일한 가치가 돈이 아니라는 걸 이해하게 하고, 선택에는 포기가 뒤따른다는 사실을 가르치고, 인생을 최대치로 활용하는 학문이다."라고 말하기 때문이다.

변화를 싫어하는 속성을 지닌 우리가 배움을 시작할 때, 배움 자체도 새로운 것을 대면하는 것이기 때문에 두려움의 대상이 된다. 그래서 우리는 우선 변화하는 것에 대하여 배워야 하고, 무엇 때문에 변화를 두려워하는지 그 두려움의 존재를 알아야 한다. 그래야만 두려움과 마주할 용기를 낼 수 있다.

표 3-1은 우리가 살아가면서 마주칠 때 두려워하는 것들이다. 우리는 변화를 가장 두려워하지만 그렇다고 변화를 싫어해서는 안 된다. 왜냐하면 변화를 싫어한다는 것은 삶 자체를 싫어하는 것과 같기 때문이다.

표 3-1 두려움의 요인

생명은 그 자체가 변화이고, 삶은 변화의 연속이므로 삶을 즐기려면 변화를 적극적으로 수용하고 당연시하며 즐겨야 한다. 변화한다는 것은 예전 것이 죽는 것이고, 예전 것과 다른 것임을 의미한다. 그리고 변화는 예전 것을 자양분으로 다른 새싹이 돋는 것이다.

인간이 가진 궁극의 두려움은 삶과 죽음에 대한 두려움이지만, 고도로 발달된 문명사회에서 우리가 살면서 느끼는 두려움은 생사(生死)가 아니라 능력과 명예와 경제와 안전, 그리고 첫 대면 때 느끼는 두려움이다.

능력에 관한 두려움은 자신감과 자존감, 그리고 긍정성의 결여에서 비롯되며 '나는 못한다. 나는 할 수 없다.'라는 생각의 두려움이다. 처음부터 잘하는 사람은 아무도 없다. 그래서 '포기하지 않는 것', 이것이 인간이 가진 진정한 능력이라고 생각한다.

명예에 관한 두려움은 도덕성과 윤리의식에 기인하기보다는 '남이 나를 어떻게 생각할까!'라며 남의 평가를 지나치게 의식하며 인정받고 싶기 때문이다. 남과 나의 수준을 비교하며 의식수준의 가장 아랫단인 부끄러움과 수치심을 끌어올릴 것이 아니라 목적 없는 삶을 탓하고 삶의 의미를 찾아야 한다. 삶의 목적과 의미를 가진 사람들은 남과 비교하지 않고 담대하게 살아가기 때문이다.

경제에 관한 두려움은 가난에 대한 두려움이지만 실상 가난이 무엇인지, 가난의 원인이 무엇인지 아는 사람은 많지 않다. 그저 돈이 없는 것이 가난이 아니므로 가난을 벗어나려면 가난의 의미를 알고 시대에 따라서 변화하는 생산요소와 생산수단을 학습해야 한다.

안전에 관한 두려움은 비전과 꿈의 결여로 인해 '그냥 이대로 살고 싶다'는 생각으로 매사를 귀찮게 여기는 게으른 사람들의 특징이다. 이들은 새로운 뭔가를 시도하는 것을 꺼려한다.

이것은 싸우거나 도망치도록 '에너지를 아껴라'라고 파충류의 뇌가 말하고 있기 때문이지만, 다니던 길로만 다니면 새로운 경치를 볼 수가 없으며, 모든 것이 변화하는 세상에서 현재에 만족한다는 것은 곧 퇴보를 의미한다는 사실도 알아야 한다.

우리는 두려움을 극복하도록 인간의 뇌가 더 말하게 해야 한다. 호기심 용기 도전정신이 두려움을 극복할 수 있는 연장(Tools)이지만, 배우는 것마저 두려워하면 답이 있을 수 없다.

표3-2 학습이 요구되는 내용

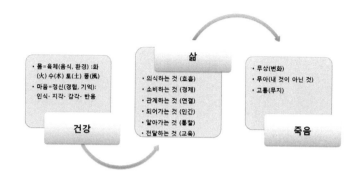

삶은 건강과 죽음을 떼어 놓고 말할 수 없다. 그래서 건강과 죽음에 대해서도 두려워하지 않을 만큼은 배워야 한다. 건강은 앎의 대상이고, 삶은 어렵고 힘들거나 바람직하지 않은 상황 따위를 노력으로 없애거나 좋아지게 하는, 즉 극복의 대상이다.

그리고 변화와 죽음은 수용의 대상이지 결코 두려움의 대상이 아니다. 단지 이것에서 저것으로 옮겨가는 것이다. 피한다고 피할 수 있는 것도 아니다. 그저 자리 좀 옮기는 것을 두려워해야 하는지 생각할 필요가 있다. 우리가 정말로 두려워해야 할 것은 오직 배움을 게을리해서 얻는 무지(無知)이다.

우리는 건강하게 살다가 죽기를 원한다. 그리고 건강이라는 단어에는 정신, 육체, 경제, 사회, 환경 등 많은 의미의 건강을 포함하고 있다. 표 3-2는 꿈꾸는 소비, 즉 꿈꾸는 건강, 꿈꾸는 삶, 꿈꾸는 죽음을 위해서 우리가 배워야 할 최소한의 내용을 요약한 것이다.

인간으로 살기 위해 필요한 최소한의 지식, 기술, 자질을 갖추도록 초등학교 중학교의 의무교육을 거치고, 원하는 삶을 살기 위하여 고등학교 대학교 대학원에서 교육을 받지만 제도적인 교육은 화폐경제에 진입하기 위한 직업교육이 주를 이루기 때문에 보다 나은 삶을 위해서는 더 많은 삶의 기술을 평생에 걸쳐 스스로 배워야 한다.

첫째, 의식하면서 사는 방법이 필요하다. 우리는 호흡을 통하여 이것을 배울 수 있는데, 호흡은 우리가 의식적으로 할 수도 있고 무의식 상태에서도 이루어지기 때문이다.

호흡을 의식하면 우선 마음의 상태를 알 수가 있다. 평안한 상태인지, 흥분한 상태인지, 두려운 상태인지 등, 호흡의 부드러움과 거침을 통하여 감정의 흐름을 알 수가 있다. 이를 통해 마음을 다스려 차분함을 유지할 수 있으며, 매사를 슬기롭게 판단하고 대처하는데 도움이 된다.

그리고 마음이 과거와 미래, 현재 중 어느 공간에 머물고 있는지도 호흡을 의식하여 알 수 있다. 이렇게 의식하며 사는 것은 반응하는 삶이 아니라 의도(意圖)하는 삶이다.

윌리엄 하트의 저서『고엔카의 위빳사나 명상』은 호흡의 의식을 시작으로 감각을 예민하게 키우고, 우리의 감각기관이 활동하는 것에 대하여 알 수 있도록 도움을 준다. 나는 담마명상센터에서『고엔카의 위빳사나 10일 코스』를 통해 전문가의 도움을 받으며 명상을 배울 수 있었다.

마지드 포투히는 저서『좌뇌와 우뇌 사이』에서 "명상은 해마의 크기를 키우고 집중력이나 감정을 관리하는 영역의 시냅스 생성을 촉진하며 뇌의 도로를 확장하는 것에도 도움이 된다"고 한다. 이 책은 뇌 기능을 강화시키고 뇌를 늙지 않게 하는 방법에 대하여 설명하고 있다.

둘째, 시대에 맞게 소비를 생산으로 연결하는 방법을 배워야 한다. 가치를 이성적으로 평가할 부의 능력을 키워서 시간이든 공간이든 자원이든 소비 자체로 끝내지 말고 소비를 통하여 생산할 수 있는 시스템으로 만들어야 한다.

시대가 바뀌면 소비의 방식도 바뀐다. 시대의 변화에 대하여 꾸준히 학습하지 않았다면 나의 지식과 정보는 업데이트되지 않은 것이기 때문에 '나의 소비방식은 구식이다'고 인정하면 업데이트된 소비 시스템을 배울 수가 있다.

새로운 시대의 소비는 내가 가진 자원을 활용하여 시스템화하는 것이다. 시간은 새로운 경험을 생산하거나 학습하는 것으로, 공간은 상호작용을 할 수 있는 플랫폼으로 활용해야 한다.

소모품이라고 소홀히 했던 제품과 서비스도 소비 자체로 끝내기보다는 앨빈 토플러가 저서『부의 미래』에서 말하는 프로슈밍(PRO-SUMING)을 하는 것이 이 시대의 소비생활방식이며, 이는 소비재를 자원재로 활용하여 생산활동을 하는 것이다.

표 3-3 애덤 그랜트의 4차 산업시대를 사는 지혜

4차 산업시대를 사는 지혜
타인을 도와주기 위하여 자신을 희생하지 않는다.
자신의 이익과 타인의 이익에 공평한 관심을 둔다.
항상 접촉하고 연결한다.
서로 윈윈(Win-Win) 하는 관계를 위하여 노력한다.
보답이 돌아오지 않더라도 개의치 않는다.

셋째, 관계에 대하여 학습해야 한다. 연결 시대에 맞는 필요한 관계를 설정하고 유지하여야 한다. 4차 산업시대를 사는 지혜는 "타자

(他者)지향(志向)적 기버(GIVER)관계"라고 애덤 그랜트는 저서 『기브 앤 테이크』에서 말한다.

넷째, 되어가는 학습을 해야 한다. 의사이자 심리학자인 칼 로저스는 저서 『진정한 사람 되기』에서 "인간은 되어가는 것이다."고 표현하며 삶을 "살아서 숨 쉬고, 느끼고, 변화하는 과정을 경험하는 것이다."고 했다.

또한 샤를 바그네르는 저서 『단순하게 산다』에서 "나를 계발하고, 타인의 삶을 개선시키고, 보다 나은 세상을 만드는데 목적을 두라."고 했다. 바그네르의 책을 읽고 계속 마음속에 남아있는 구절은 지금도 생각을 깨운다.

"꽃은 꽃이고, 제비는 제비고, 바위는 바위이다." 어디서 많이 들어본 말이라는 생각이 들 것이다. 성철스님이 "산은 산이고, 물은 물이다."라고 했다. 인생을 깊이 통찰한 사람들은 시대를 아울러 같은 말을 한다.

우리 인간은 간단한 소프트웨어가 설치된 신규 컴퓨터에 비유할 수 있다. 때문에 원하는 사람이 되기 위하여 필요한 소프트웨어를 설치하고 업데이트하고 사용하는 방법을 배워야 한다.

우리가 무엇이 되는 것도 중요하지만, 어떤 목적을 갖고 사는지가 더 중요하다. 왜냐하면 삶의 목적을 가진 자의 삶은 따분함이나 지루함과는 거리가 멀며, 그들에게 있어서 정년과 은퇴는 목적에 집중할 수 있는 시간이 될 수가 있기 때문이다.

현명하고 지혜로운 세계적인 부자들은 그런 생각 때문에 부자가 되고 유명해졌겠지만, 삶의 목적을 보다 나은 세상을 만드는데 두었다. 빌 게이츠, 스티브 잡스 등이 그런 사람들이다.

다섯째, 알아가는 것에 대하여 관심을 가져야 한다. 장 폴 사르트르(Jean Paul Sartre)가 "인생은 B와 D 사이의 C이다."라고 표현했듯이 인생은 '기회비용의 원칙'이 적용되는 선택의 연속이고, 선택의 잘잘못으로 인하여 많은 혜택을 받거나 대가를 지불하므로 보다 나은 선택을 위해서는 충분한 지식과 정보를 얻도록 쉬지 말고 겸손히 배워야 한다.

여섯째, 전달하는 것(교육하는 것)에 대하여 배워야 한다. 심리학자 알프레드 아들러는 "제대로 된 육아와 교육을 통해서만이 개인의 구원 그리고 나아가 인류의 구원이 가능하다."고 하며, "전폭적인 신뢰로 아이들을 대하라."라고 한다.

"교육은 생명의 목표로 살아남는 방법을 가르치는 기술이다."라 한다. 하등동물과 식물은 배웠던 것들을 오직 유전자를 통하여 전달하지만 인간은 본인이 평생에 걸쳐 배운 것을 의식적으로 후대에 전달하고 가르쳐야 한다.

표 3-4 4차 산업시대에 필요한 지능

4차 산업시대에 필요한 지능			
상황맥락지능	정서지능	영감지능	신체지능
정신 통찰	마음 긍정	영혼 의미	몸 마음

우리는 이제 4차 산업시대에 적응하기 위해 필요한 지능의 계발이 필요하다. 지능과 관련하여 리처드 니스벳의 저서 『무엇이 지능을 깨우는가』, 하워드 가드너의 저서 『지능이란 무엇인가』, 대니얼 골드먼의 저서 『EQ 감성지능』 등이 도움이 되었다.

상황맥락지능이란 새로운 동향을 예측하고 단편적 사실에서 결과를 도출할 수 있는 능력과 자발성, 그리고 다양한 네트워크의 가치에 대해서 이해하고 네트워크를 잘 구축할 수 있는 정신과 통찰력의 지능을 말한다.

　정서지능은 마음의 움직임으로 긍정성이 요구되며, 사물을 슬기롭게 판단하고 인식하는 힘을 가진 두뇌에 대한 마음의 승리가 아니라 두뇌와 마음이 만나는 교차지점에서 자기인식, 자기조절, 동기부여, 감정이입이라는 사회적 기술의 지능을 말한다.

　영감지능이란 의미와 목적에 대해 끊임없이 탐구하는 능력의 지능으로 애덤 스미스가 저서 『도덕감정론』에서 언급한 공정한 관찰자의 입장에서 공유(sharing)가 핵심이다.

　신체지능은 개인의 건강과 행복을 가꾸고 함양하는 능력을 말한다. 압박감 속에서 평정을 유지하는 능력의 지능이다.

표 3-5 새로운 시대에 필요한 재능

내용			이유
디자인	Design	High-Concept, High-Touch 시대의 능력	기능만으로는 안 된다
스토리	Story	소비자를 움직이는 제3의 감성	단순한 주장만으로는 안 된다
조화	Symphony	경계를 넘나드는 창의성의 원천	집중만으로는 안 된다
공감	Empathy	디자인의 필수 요소	논리만으로는 안 된다
유희	Play	유희인 〈Homo Ludens〉의 진화	진지한 것만으로는 안 된다
의미	Meaning	우리를 살아있게 하는 원동력	물질의 축적만으로는 부족하다

다니엘 핑크는 저서 『새로운 미래가 온다』에서 미래 인재의 6가지 조건과 이유를 제시하며 새로운 시대를 맞을 준비를 하라고 했다. 이것의 의미는 21세기에는 과학기술의 발달로 인해 기계가 순차적으로 반응하고 분석에 뛰어나며 언어를 담당하는 인간의 좌뇌를 대체할 수 있으므로, 종합적으로 사고하고 패턴을 감지하며 감정과 비언어적 표현을 해석할 수 있는 '우뇌의 기능이 좀 더 강조되는 시대'가 도래했다는 것이다.

표 3-6 직업의 변화 과정

농업시대	산업시대	지식정보시대		연결시대
농부	기술자 관리자	전문 지식인	상업적 지식인	아티스트 리더

인간으로 사는 것을 가르치는 교육에서 직업교육은 매우 중요하다. 시대에 맞는 직업과 맞지 않는 직업이 무엇인지 알아야 한다. 시대에 맞지 않는 직업은 도태되기 마련이고, 직업을 잃으면 자립할 수가 없다.

자립을 하지 못하면 인간이 누려야 할 자유를 침해당하며, 그로 인해서 자유의지에 반하는 유혹에 노출될 수가 있다. 그리고 직업은 건강과도 매우 밀접한 관계가 있다.

농경시대의 교육이 농부가 되도록 하는 것이라면, 산업시대는 기술자나 관리자, 지식정보시대는 전문지식인, 융합시대는 상업적 지식인이고, 연결시대에 필요한 직업교육은 창의성을 바탕으로 조율하고 연결하는 아티스트 리더가 되도록 하는 것이다.

세상의 모든 직업은 두 가지로 구분된다. 경영자(CEO)로 일을 하거나, 경영자(CEO)를 돕는 일을 하는 것이다. 어느 것이 자녀의 적성에 맞는지 찾아주는 것도 매우 중요하다.

건강에 관하여

공중파와 케이블방송에서는 건강에 좋다는 수많은 음식과 식재료와 레시피에 대하여 많은 것을 이야기하고, 수많은 민간요법과 수많은 약품과 수많은 의사가 있지만 정말로 건강한 사람은 매우 드물다.

그 이유는 몸에 좋다는 약과 음식에 대해서는 많이 들어서 알지만, 정작 내 몸이 필요로 하는 것에 대해서는 너무 모르기 때문이라고 여긴다. 건강은 우리 몸의 구성 성분을 이해하고 그것이 결핍되지 않도록 원소를 공급하는 것에서 시작될 것이다.

즉 우리 몸이 요구하는 음식과 오염이 안 된 자연수와 공기, 그리고 스트레스 없는 환경이 필요하다. 거기에 올바른 말과 올바른 행동은 물론 선한 직업과 선한 수입에 의한 올바른 생계, 더불어 균형 잡힌 운동이 필요하다.

나는 카센터를 하면서 예방정비와 더불어 고장이 나거나 불안전연소를 일으키는 자동차를 많이 수리해 봤다. 가솔린 자동차의 완전연소는 좋은 연료와 적절한 양의 좋은 공기가 실린더 내에서 충분한 압축을 받아야 하고, 압축 타이밍에 맞추어 충분한 점화가 이뤄져야 한다.

이 같은 조건이 한 가지라도 벗어나면 불완전연소가 일어나고, 그로 인해 나쁜 배기가스를 대기 중에 배출하는 것은 물론이고 출력이 떨어지며 연소실 등 내부에 그을음이 쌓여 또 다른 부품의 고장의 원인이 되기도 한다.

우리 몸도 마찬가지라는 생각이다. 불량음식과 과잉 공급된 음식은 충분히 연소되지 못하여 지방으로 쌓이고, 이것이 성인병의 원인이 된다는 것은 전문가가 아니어도 모두가 알고 있는 상식이다.

우리의 몸은 흙과 물과 불과 바람의 성질을 가지고 있다고 한다. 즉 고체, 액체, 기체, 온도(불)의 성질을 가지고 있으므로 흙에서 얻을 수 있는 성분인 갖가지 무기질이 필요하다.

좋은 물과 물에서 얻을 수 있는 미네랄, 식물에서 얻는 갖가지 비타민과 무기질, 그리고 적당한 온도와 단단함을 유지하도록 단백질, 탄수화물, 지방, 식이섬유 등의 음식과 환경이라는 에너지를 제공받아야 기본적인 건강을 유지할 수 있다.

단순한 단백질, 탄수화물, 지방으로는 건강하게 살 수 없기 때문에 각종 미네랄(무기질)과 각종 비타민도 잘 섭취하여야 한다. 건강의 문제는 영양의 균형이고, 운동의 균형이라 할 수 있다. 이것을 연구하여 제품을 생산하는 회사도 있으므로 조그만 관심을 갖고 학습을 하면 건강을 유지할 수 있다.

표 3-7 영양의 과잉과 결핍 현상

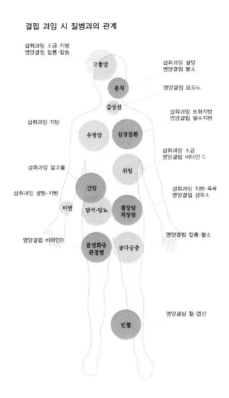

결핍 과잉 시 질병과의 관계

섭취과잉 소금·지방
영양결핍 칼륨·칼슘

고혈압

섭취과잉 설탕
영양결핍 불소

충치

영양결핍 요오드

갑상선

섭취과잉 지방

섭취과잉 포화지방
영양결핍 필수지방

유방암   심장질환

섭취과잉 소금
영양결핍 비타민 C

위암

섭취과잉 알코올

간암

섭취과잉 지방·육류
영양결핍 섬유소

섭취과잉 설탕·지방

비만   담석·당뇨   결장암
직장암

영양결핍 비타민D

골연화증
관절염   골다공증

영양결핍 칼륨·불소

영양결핍 철·엽산

빈혈

참조_ 한국영양학회

경피독에 대해서도 관심을 가질 필요가 있다. 경피독은 피부를 통하여 흡수되는 독성물질과 환경호르몬을 말하며, 이에 대한 연구도 많이 나오기 때문에 약간의 주의를 기울이고 몇 권의 관련 서적을 읽어 보면 어떤 화장품을 쓰고, 어떤 샴푸와 세제를 써야 내 몸에 해를 끼치지 않는지 알 수 있다.

물과 공기의 오염으로 인하여 정수기와 공기청정기가 필요한 세상이 되었고, 연속된 경작으로 인하여 토양은 산성화되고 토양의 질도 떨어져 그곳에서 재배된 식물이 가진 영양소의 양이 예전 같지 않게 되었다. 때문에 이제는 건강보조식품도 필수가 되었다.

건강을 위한 제품의 선택 기준은 무엇인가? 좋은 식재료와 제품을 선택할 수 있는 능력은 건강에 무엇보다 중요하다. 선택에는 책임이 따르므로 함부로 선택할 일이 아니지만, 대체로 광고와 가격에만 의식을 집중하여 제품을 쓰는 경우가 많다. 우리가 제품에 대한 정보를 광고에만 의지한다면 선택의 폭은 제한적일 수밖에 없으며, 인식하기도 전에 건강은 점점 나빠질 것이다.

표 3-8 음용수에 대한 NSF인증

NSF 인증마크		내용
NSF/ANSI	42	맛, 냄새 등, 심미적 요인
NSF/ANSI	53	각종 유기화합물
NSF/ANSI	55B	박테리아, 미생물 등
NSF/ANSI	401	항생제 의약품 등, 신종오염물질
NSF Protocol	473	과불화 화합물 PFOA PFOS
NSF Protocol	477	남조류 등에서 생성되는 독성물질인 마이크로 시스틴

정수기는 압축카본필터를 사용한 직수방식의 살균성능이 있는 제품이 좋으며, 그 성능은 NSF 인터내셔널의 인증마크와 WQA의 골드 씰(Gold Seal) 인증마크를 통하여 확인할 수 있다.

우리의 상수원과 수도관의 상태를 고려하면 표 3-8의 내용물을 제거하거나, 비활성화시키는 기능을 가진 제품이 요구된다. 물 본연의 역할을 아는 것이 중요하다. "좋은 물은 그 자체가 영양소이고, 화장품이고, 건강기능식품이다."라고 말한다.

물은 우리 몸의 70~80퍼센트를 차지하는데, 미네랄이 하나도 없어서 증류수나 다름없는 역삼투압 정수기 물을 마시며 건강을 바란다면 몰라도 너무나 모르는 것이다.

"깐깐해서 좋다."는 광고를 보면서 많은 사람들이 대중매체의 상술에 현혹되어 살고 있다는 생각을 하였다. 순수한 물(H_2O)이 좋은 것이 아니라, 오염이 안 된 자연수가 좋은 것이다.

미세먼지까지 일기예보에 포함될 정도로 대기 오염이 심각하다. 그러나 정작 외부공기에 대해서는 경각심을 갖지만, 실내공기 오염의 주범인 가스레인지의 미연소 가스와 음식을 조리할 때 나오는 미세먼지에 대한 인식은 부족하다. 미세먼지가 걱정이라면 가정의 가스레인지부터 없애야 한다.

공기청정기는 헤파필터(High Efficiency Particulate Air Filter)와 정화율이 매우 중요하다. 보통 0.3마이크로미터 이하의 입자를 거를 수 있는 필터를 모두 헤파필터라고 하지만, H10부터 H14까지 등급이 있기 때문에 필터를 필히 확인해야 한다.

즉 0.3마이크로미터 입자를 걸러도 헤파필터이고, 0.009마이크로미터를 걸러도 헤파필터이다. 가정용 진공청소기에도 0.3마이크로미터의 필터는 들어있는데, 그렇다고 이것을 공기청정기라고 할 수는 없다. 공기청정기는 영국 알레르기 재단(Allergy UK)에서 제품의 객관적인 성능을 확인할 수 있다.

건강보조식품의 선택은 정말로 중요하다. 왜냐하면 우리 몸은 자가치유기능이 있어서 약품이나 식품의 부작용은 10~20년이 지나야 나타나기 때문이다.

건강보조식품을 약품으로 오인하는 사람들도 있는데, 건강보조식품은 말 그대로 보조식품으로써 우리의 음식에 대한 편애와 편식, 그리고 결식으로 발생하는 영양의 불균형을 맞추는 것에 복용의 의미를 두고 있다.

건강보조식품의 사전적 의미는 "건강을 유지하도록 하는데 도움을 주는 식품. 과학적 근거가 있는 원료로 만들어진다."이다. 이런 이유로 과학적인 근거가 있는 원료로 만든 제품이 무엇인지 알아보고 선택해야 한다.

채소와 과일의 색은 자외선으로부터 자신을 보호하고 바이러스나 곰팡이, 세균 등을 물리치기 위해 생성한 자기방어 수단이라고 한다. 파이토칼라는 흰색, 노란색, 빨간색, 보라색, 초록색 식물의 고유 색깔을 의미하며, 25,000가지의 식물 영양소가 그 속에 숨어있다고 한다. 때문에 "밥상의 색깔이 바뀌면 건강도 바뀐다."고 말한다.

건강보조식품을 선택함에 있어서 우선적으로 고려해야 할 사항이 글로벌 제품으로, 역사와 전통 및 철학이 있어야 하고, 자연이 준 최고의 선물인 식물영양소가 포함되어야 좋은 제품이다. 거기에 GMP, FDA의 인증은 기본이다.

파이토칼라를 연구하여 건강보조식품을 만드는 "뉴트리라이트"는 자사 유기농 농장을 가진 세계적으로 유명한 회사이며, 역사가 70년이 넘는다. 방송에서 유기농 농장이 거론될 때는 대부분 이 회사의 농장을 소재로 한다.

이화여대 식품영양학과 권오란 교수는 "식물 영양소가 들어있는 종합비타민(미네랄 건강기능식품)을 권장수준으로 섭취하면, 산화스트레스로 발생하는 DNA 손상 및 LDL 콜레스테롤의 손상 감소에 도움을 준다."는 논문을 발표했다.

스킨케어(Skin Care) 제품도 선택의 기준이 있다. 우선 호르몬을 분비하는 인체의 내분비 계통에 혼란을 주어 정상적인 대사기능을 방해하는 물질인 환경호르몬 걱정이 없는 제품을 선택하는 것이 기본이다. 유기농의 내추럴 식물 성분의 화장품으로 코스메비오(COS-MEBIO), 에코서트(ECOCERT) 등의 인증이 있는 제품도 있다. 건강한 피부미인이 되려면 신중히 고른 한 회사의 화장품을 지속적으로 용도에 맞게 사용하여야 한다.

가정에서 쓰는 세제도 세이퍼 초이스(Safer Choice) 등의 인증마크가 있는 제품을 선택하는 것이 환경과 건강을 위해 바람직하다. 그리고 선택에 있어서 제품의 장점도 중요하지만 부작용도 충분히 살펴봐야 한다.

건강한 삶에는 육체뿐만 아니라 정신건강도 매우 중요하므로 감정이나 생각, 기억 따위가 깃들거나 생겨나는 곳인 마음이 어디서 어떻게 활동하고 어떤 에너지를 필요로 하는지도 알아야 한다.

감정은 발생과 동시에 과거가 되고, 기억은 과거의 것이며, 오직 생각만이 과거와 현재와 미래를 자유자재로 넘나드는데, 긍정성인 평화, 조화, 기여, 가능 등과 부정성인 성냄, 두려움, 증오, 불가 등을 수반하는 생각이 과거, 현재, 미래의 긍정과 부정의 어느 영역에서 더 많이 활동하는지가 그 사람의 성장과 행복과 건강에 많은 영향을 미친다.

마음을 현재에 잡아두는 기술, 즉 직시하는 것과 미래의 긍정성 영역에 많이 머물게 하는 것이 삶의 기술 중의 하나이다. 우리 몸의 감각기관과 항상 접하고 있는 마음이 빠르게 변화하는 것을 따라잡는데 쓰는 에너지를 아끼기 위하여 의도적으로 태만하다는 것을 안다면, 내가 무엇을 해야 할지 알 것이다. 호흡을 직시하는 것이다.

순식간에 지나가서 찰나라고밖에 표현할 수 없는 현재를 직시하는 기술 중 하나가 호흡처럼 의식이 가능한 내 몸의 감각을 수시로 확인하는 것이다. '나는 어떻게 호흡하고 있는가?'라고 물으며 늘 마음을 깨워야 한다.

마음이 필요로 하는 에너지는 과거의 경험과 기억, 그리고 현재의 상황이다. 좋지 못한 경험과 좋지 못한 기억, 그리고 좋지 못한 현재의 환경은 마음의 건강을 해치고, 마음은 육체의 건강에 많은 영향을 준다.

마음은 매우 기름진 토양으로 각각의 성질의 씨앗이 나타나고 잘 자라도록 도와준다. 악을 심으면 악이, 선을 심으면 선이 매우 잘 자란다. 무엇을 심던지 마음의 밭에서는 매우 잘 자란다는 사실을 알아야 한다.

마음은 몸의 감각기관인 눈, 코, 입, 귀, 피부를 통하여 사물과 상태를 인식하고 지각한 후 감각을 일으키고, 그 감각의 좋고 나쁨에 따라 반응이 몸과 마음에 나타난다.

나쁜 반응은 혐오감과 두려움이라는 고통을 일으키고, 좋은 반응은 집착과 갈망이라는 쾌락을 유발하기 때문에 평온함을 유지하기 위해서는 감각기관의 상태를 의식적으로 관찰하여 무엇을 인식하고 지각하여 감각이 일어나는지 객관적으로 판단하려는 노력이 필요하다.

최신 인지과학으로 보는 몸의 감각과 뇌의 인식에 대한 학습이 더 필요하다면 카라 프라토니의 저서 『감각의 미래』가 도움을 줄 것이다.

우리가 반응 이전의 상태를 컨트롤할 수만 있다면, 아무리 어려운 상황이라도 마음의 평화를 유지할 수 있을 것이다. 자극과 반응 사이의 간극을 넓히면 넓힐수록 안정을 유지하기가 쉽다.

반응은 증가의 법칙이 적용된다. 다툼을 자주 하면 정말로 사소한 일로도 큰 다툼이 일어나게 된다. 아무리 큰 항아리도 물을 붓다 보면 채워지고, 가득 채워진 항아리는 한 방울만 더 떨어져도 넘치게 되는 원리와 같다.

부부싸움을 자주 하다 보면 아주 사소한 일로도 싸우게 되는 경우가 많은데, 이는 증가의 법칙이 작용하기 때문이다. 자주 싸우는 부부가 싸움에 패턴이 있음을 알아차리면 싸움을 멈추는 것에 큰 도움이 된다. 그 패턴은 이성을 마비시키는 특정 말이나 행동, 그리고 스토리이다.

관찰은 소멸의 법칙이 적용된다. 그리고 명상은 내면의 움직임을 관찰하고 직시할 수 있으므로 소멸의 법칙을 적용하는데 많은 도움이 된다. 에이미 E 허먼은 저서 『우아한 관찰주의자』에서 "관찰하지 않는 순간, 모든 기회는 사라진다."며 관찰의 중요성과 사물을 보는 관점인 관찰의 기술에 대하여 많은 내용을 말한다.

마음을 움직이는 감각의 관찰은 냉정함을 유지시켜 주기 때문에 사물을 관찰하는 기술에 더하여 마음을 관찰하는 기술도 매우 중요하며, 몸이 나타내는 현상을 사실적으로 표현하는 기술도 필요하다. 예로 그냥 '아프다'고 하지 말고, '따끔거린다. 뜨겁다. 무겁다. 뭉쳤다. 열이 난다' 등 현실적으로 표현하면 우리 몸을 구성하고 있는 어떤 성질의 요소가 필요한지 알 수도 있다.

죽음에 관하여

생물학자들은 생명이란 "세포로 구성되어 있으며, 세포 - 조직 - 조직계 - 기관 - 기관계 - 개체라는 체계를 이루고, 물질대사를 하고, 자극에 대하여 반응하며, 항상성을 유지하고, 발생과 생장과정을 거치고, 생식과 유전을 하며, 주변환경에 적응하고 진화하는 특징을 갖춘 존재다."라고 정의한다.

흐름이 삶이고, 흐름의 멈춤이 죽음이다. 그리고 흐름은 변화이기 때문에 변화하는 것이 삶이고, 변화가 멈추는 것이 죽음이다.

삶의 기술을 배우면 죽음의 기술은 배울 필요도 없겠지만, 삶의 기술을 모두 터득하기에는 많은 노력이 필요하기 때문에 우리는 종교를 통하여 어렵지 않게 죽음의 기술을 배우고 있다. 나는 오직 "예수를 믿으면 천당에 간다."는 가장 단순한 죽음의 기술을 배웠었다.

삶 자체가 고통이라고 한다. 우리는 살면서 돈, 시간, 공간, 사람 등 만족하지 못한 환경과 의식으로 인해 우리의 감각기관이 보내는 고통과 상실이라는 감정을 갖곤 한다.

날씨가 많이 추울 때는 살을 에는 듯한 고통을 느낀다. 그러면 옷을 껴입든가, 난방을 하든가, 더운 곳을 찾든가 하는 등 추위를 피할 방법을 강구한다. 이렇듯 우리가 느끼는 고통은 상처와 상실감을 주기 위한 것도 아니고 감내하기 위한 것도 아니다.

고통은 변화하고, 구분하고, 제한하고, 해결책을 찾으라는 것이고, 상처받은 마음을 치유하는 약으로 매우 긍정적이고 유익한 신호이다. 내가 뭔가 고통과 상실감을 느끼고 있다면, 탓하고 비난하고 외면하는 방법으로는 절대로 그것으로부터 벗어날 수 없다.

감정의 종류가 무엇인지 직시하는 것이 우선이다. 그리고 나에게 자극을 주는 인식과 지각과 감각이 위험한 것이 아니고 두려운 것이라면, 그것은 즉각적인 반응을 요구하는 것이 아니라 새로운 것을 배우고 시도하라는 용기를 요구하는 것이고 해결책을 찾으라는 것이다.

감정에는 행복, 슬픔, 혐오, 두려움, 분노, 놀람, 경멸, 그리고 여기에 덧씌워진 수치심과 자긍심이 있다. 무엇 때문에 이러한 감정을 느끼는지 생각해 보고 감각기관이 보내는 자극을 수용하며, 긍정성을 높이기 위해 노력하는 것이 침착과 평온을 유지하는 수단 중 하나이다.

수전 데이비드는 저서 『감정이라는 무기』에서 "감정을 억누르지 말고 자신의 감정을 있는 그대로 들여다보면, 부정적인 감정도 생산적인 에너지로 바꿀 수 있으며, 감정은 우리 삶의 강력한 무기가 될 수 있다."고 했다.

이 책은 자신의 핵심가치를 찾고, 더는 감정으로 인생을 소모하지 않으며, 효과적인 감정훈련으로 우리의 행동을 변화시키는 심리 솔루션에 대한 전략을 말하고 있다.

방법을 모를 때는 그냥 그 고통, 연민과 동행하자. 그리하면 변화는 찾아오게 된다. 이것을 불교에서는 무상이라 표현한다. 모든 것은 변화하기 때문에 실체가 없다는 의미일 것이다.

"죽음의 순간에 심는 씨앗에 따라서 죽음 이후의 생이 결정된다."는 고엔카의 붓다 설법을 들었다. 고통을 심으면 고통의 싹이 나고, 집착을 심으면 집착의 싹이 나고⋯. 그야말로 콩 심은 데 콩 나고, 팥 심은 데 팥 난다는 의미다.

"아무것도 심지 않고 죽는 것, 죽음 이후의 삶을 살지 않는 것, 의식의 흐름을 멈추는 것이 해탈이다."라고 한다. 씨앗을 뿌리지 않았는데 싹이 날 수는 없다는 의미다.

씨앗을 심지 않기 위해서는 모든 것은 변화하기 때문에 실체가 없다는 무상(無相), 내 것이라고 말할 수 있는 것이 아무것도 없다는 무아(無我), 그리고 살면서 느끼는 모든 고통은 무지(無知)에서 비롯됨을 깨달으라 한다.

나는 삶의 기술을 터득하여 죽음의 기술을 배우는 것이 올바른 삶이라고 생각한다. 내가 꿈꾸는 죽음은 두려워하거나, 기다리지 않고 맞이하는 것으로, 아쉬움이나 미련을 갖지 않고 죽음의 그 순간에 "다 이루었다."고 말할 수 있었으면 한다.

요한복음 19장 30절

When he had received the drink, Jesus said, "It is finished." With that, he bowed his head and gave up his spirit.

예수께서 신 포도주를 받으신 후에 이르시되 다 이루었다 하시고 머리를 숙이니 영혼이 떠나가시니라.

CHAPTER

인간의 품성

내가 가진 품성은 무엇인가?

『사피엔스』의 저자 유발 하라리는 "2040년이 되면 당신이 알고 있는 것들은 모두 쓸모없어진다. 살아남을 유일한 지식은 '당신 자신에 대한 앎'이다. 지금 당장 당신이 가장 먼저 해야 할 일은 소크라테스의 '너 자신을 알라.'를 끈질기게 실천하는 것."이라 했다.

知彼知己(지피지기)는 百戰百勝(백전백승). 나를 알고 적을 알아야 이긴다는 의미의 명언도 있다. 나를 알고 타인을 이해하기 위해서는 우리 인간이 가진 품성이 무엇인지 정확히 알아서 필요에 맞게 사용할 줄 알아야 하고, 행동심리학의 학습도 필요하다.

심리학은 마음이 움직이는 본질을 파악하고 이해하여 보다 나은 삶을 위해 스스로 마인드 셋을 할 필요를 느낄 때도 도움을 주지만, 나와 타인을 좀 더 잘 이해하는데도 도움이 된다.

나를 계발하고 발전시키는 긍정성과 자존감, 이것을 동력으로 하는 도전정신과 용기는 품성의 이해와 마음의 작용과 의식의 상태인 심리에서 비롯되기 때문이다.

프로이트, 융, 아들러는 심리학의 3대 거장으로 꼽힌다. 나는 삶과 관계와 목적에 관해서 용기를 부여하는 심리학(목적론의 심리학)이라고 하는 알프레드 아들러의 사상을 삶에 적용시키려고 노력한다.

"아들러는 용기를 부여하는 것은 '어려움을 극복할 수 있는 활력을 주는 것'으로, '문제를 자발적으로 해결할 수 있도록 존중, 신뢰, 공감을 토대로 상대방과 자기 스스로에게 용기를 부여하는 것'을 기본사고로 지향한다."고 도다 구미는 저서 『아들러식 대화법』에서 말했다.

표 4-1 정신작용 개요

성격구조	심리상태	행동기준
이드 〈id〉	악 〈본성〉 어린이	쾌락, 본능
자아 〈ego〉	나 〈자존심〉 청소년	이성, 선택
초자아 〈super-ego〉	선 〈하나님〉 어른	도덕, 신념

프로이트 정신분석이론에서 이드(id)는 인간의 본능과 욕구와 욕망 등 쾌락원칙에 따라 비논리적이고 맹목적으로 작용하는 심리적 대표자이다.

우리 자신이자 이성인 자아(ego)는 현실원리인 현실적 제약과 상황에 맞춰 이드의 욕구를 초자아와 비교하며, 지연시키고, 억제하고, 억압하면서 이기적인 욕망을 자존심과 함께 충족시킨다.

자존심과 이기심은 주관적인 개념으로, 나의 이기심과 자존심은 타인의 그것과 결코 같을 수가 없으며, 내 것이 아닌 것을 내 것이라고 생각하는 결여된 객관성과 상대성으로 가치와 기준을 정하고, 조건 짓고, 규정지어 자아에 상처를 주기도 한다.

품성에서 비롯된 자신감과 자존감의 수준은 자아가 긍정적 경험과 부정적 경험을 느끼고 수용하는 태도를 결정하며, 우월감이나 열등감의 양과 질도 이것에 기인한다.

옳고 그름을 판단하는 윤리와 도덕적 기능의 초자아(super-ego)는 하나님이 인간 모두에게 준 것이지만, 이해하고 적용하는 수준이 각자 다르기 때문에 가치관이 다르고 그에 따라서 범죄도 일어난다.

라이언 홀리데이는 저서 『에고라는 적』에서 "자기 자신이 가장 중요한 존재라고 믿는 건강하지 못한 믿음"을 에고로 정의하며 인생의 전환점에서 버려야 할 한 가지 적이며, 에고를 대체하는 덕목은 바위처럼 단단한 겸손함과 자신감이라 한다.

인격(人格)의 사전적 의미는 1) 사람의 됨됨이 2) 한 개인이 자신을 지속적이며 통합적인 자아로 의식하는 작용 3) 도덕적 판단능력을 지닌 자율적 의지의 주체로 정의하기 때문에 인격은 인간의 자격이며, 이는 인간이 가진 품성의 일부이기도 하다.

인격은 인권과 연계되며, 인권은 인간 창조의 본성에 따라 부여된 것으로 양도할 수 없는 생명, 자유, 행복추구에 대한 권리이다. 우리가 인격의 동등함으로 인권을 요구한다면 인격이라는 자격을 준 기관이 어디인지 알아야 서로를 인정할 수 있을 것이다.

자격증은 공신력 있는 기관이 인정하여 발급한 것이다. 만약 발급기관이 다르다면 그 자격은 급(Level)이 다를 수밖에 없다.

인격의 발급기관이 하나님이 아니라는 생각, 즉 타고난 것이 아니라는 생각 때문에 지위나 권위를 가진 사람들이 타인을 무시하고 억압하는 "갑질"을 하고, "갑질"을 당한 사람들도 그러한 생각 때문에 자존감에 큰 상처를 입어 열등감에 시달리기도 한다.

자기의 인생과 자기의 의미는 자기 자신이 정하는 것이지만, 인간에게 주어진 품성을 이해하지 못하면 인격에 대한 신념을 가질 수가 없다.

근거가 있는 확고한 신념이 자리 잡을 때 우리는 흔들림 없이 살아가게 되며, 생각을 힘으로 바꾸고 한계를 뛰어넘어 새로운 자신을 만든다. 그리고 이것은 자신감과 자존감이라는 그릇의 크기에 영향을 준다.

운전면허자격증이 있다고 하여 모두가 운전을 잘하는 것도, 운전을 하며 사는 것도 아니다. 자격증을 받은 이후에도 실습을 통하여 운전을 하듯, 인격인 품성을 가졌다고 하여 모두가 사람으로 사는 것은 아니므로 사람으로 사는 방법은 따로 배워야 한다. 인간이 된다는 것은 품성에 존재가치를 일치시키는 것이라고 할 수 있다.

표 4-2 인간의 품성

다양성, 존엄성, 무한가치, 잠재능력, 원대한 꿈, 자유의지는 우리 모두가 가지고 있는 품성으로, 나는 이것을 6가지 품성이라고 표현하며 인간을 창조한 하나님에 의하여 주어졌다고 성경구절을 근거로 믿는다.

다양성

창세기 1장 26절

Then God said, "Let us make man in our image, in our likeness,

하나님이 이르시되, 우리의 형상을 따라 우리의 모양대로 우리가 사람을 만들고,

피조물인 인간이 다양하다는 사실을 '우리'라는 복수형을 유일신(唯一神)이 사용하였다는 사실로 알 수 있다. 우리가 다양성을 인정하고 수용하지 못하면 나와 다른 사람의 생각과 행동이 다른 것을 이해하기가 매우 어렵다.

인간의 내면에는 선한 나, 악한 나, 잘난 나, 못난 나, 착한 나, 나쁜 나, 능력 있는 나, 능력 없는 나, 용기 있는 나, 용기 없는 나, 믿음 있는 나, 믿음 없는 나 등 수많은 내가 존재하고 있고 그것이 표현되므로, 인간관계에 있어서 가장 중요한 것이 다양성의 인정이고 수용이다.

존엄성

창세기 1장 27절

So God created man in his own image, in the image of God he created him; male and female he created them.

하나님이 자기 형상 곧 하나님의 형상대로 사람을 창조하시되 남자와 여자를

피조물 누구나가 전지전능한 "하나님의 형상이고 모습"이라는 것에서 존엄성을 가졌다 할 수 있다. 신의 형상을 닮았다는 것 하나만으로 충분히 설명되며, 인간의 위엄을 두려워하지 않는 생물은 거의 없다.

무한가치

창세기 2장 7절

The LORD God formed the man from the dust of the ground and breathed into his nostrils the breath of life, and the man became a living being.

여호와 하나님이 땅의 흙으로 사람을 지으시고 생기를 그 코에 불어넣으시니 사람이 생영이 되니라.

찰흙으로 빚어 유약을 발라 구워낸 도자기가 수억 원을 호가하는 상품으로 거래되고 있음을 감안할 때, 한 줌을 모으기도 힘든 흙먼지를 모아서 만든 형체가 '살아 숨 쉬는 작품'이라면 그 가치는 무한하며, 남녀 모두 세상에 단 하나뿐인 고귀한 작품이다.

자기에 대한 존엄성과 자기에 대한 무한가치가 자신감과 자존감을 키우고 성장으로 인도한다.

잠재능력

창세기 1장 28절

God blessed them and said to them, "Be fruitful and increase in number; fill the earth and subdue it. Rule over the fish of the sea and the birds of the air and over every living creature that moves on the ground."

하나님이 그들에게 복을 주시며 하나님이 그들에게 이르시되 생육하고 번성하여 땅에 충만하라, 땅을 정복하라, 바다의 물고기와 하늘의 새와 땅에 움직이는 모든 생물을 다스리라 하시니라.

하나님이 '생육, 번성, 충만, 정복, 통치하라'고 한 것은, 우리가 그럴만한 능력을 가지고 있다는 것을 의미한다.

우리가 유치원에 다니는 자녀에게 혼자서 지리산 천왕봉에 다녀오라고 말할 수 없는 이유는 자녀가 그렇게 할 수 없다는 것을 알기 때문이며, 마찬가지로 누가 뭔가를 하라며 나에게 말하는 것은 내가 그렇게 할 수 있는 능력을 가졌다고 그 누군가가 인정하기 때문이다.

표 4-3 창세기 1장 28절

생육하라	번성하라	충만하라	정복하라	통치하라
시작하라	축복하마	거듭 축복하마	확장하라	경영하라

표 4-3은 성경말씀에 대한 나름의 해석으로, 하나님의 축복을 믿으며 시작하고 확장하며 경영하라는 의미로 받아들여 소명의식을

갖게 한다.

크고 작은 자영업을 시작한 사람들이 처음의 규모에 안주하면 실패할 수밖에 없는 이유가, 경영과 확장이라는 말씀을 소홀히 하기 때문이다.

영적 DNA는 육체적 DNA보다 우선이다. 전능하신 신의 DNA가 우리 안에 있음을 느끼면 우리가 얼마나 소중한 존재이며 대단한 존재인지 알게 된다. 동시에 새로운 능력을 계발할 수 있는 내면의 소리를 들을 수 있으며, 이러한 내면의 소리는 "나는 한 수 있다."는 자신감과 그릿(GRIT)을 키운다.

"그릿은 아이큐, 재능, 환경을 뛰어넘는 열정적 끈기의 힘."이라고 앤젤라 더크워스는 저서 『그릿』에서 말한다.

원대한 꿈

창세기 1장 28절

God blessed them and said to them, "Be fruitful and increase in number; fill the earth and subdue it. Rule over the fish of the sea and the birds of the air and over every living creature that moves on the ground."

하나님이 그들에게 복을 주시며 하나님이 그들에게 이르시되 생육하고 번성하여 땅에 충만 하라, 땅을 정복하라, 바다의 물고기와 하늘의 새와 땅에 움직이는 모든 생물을 다스리라 하시니라.

꿈이란 실현시키고 싶은 희망이나 이상으로 정의하기 때문에 '생육하고, 번성하고, 충만하고, 정복하고, 다스리는 일' 그 자체가 꿈이며, 꿈이 없다면 생존하는 것이 불가능하다.

표 4-4 인간의 꿈 정의

하나님의 형상대로 하나님의 생기를 가지고 창조된 우리는 하나님과 소통하는 능력을 가졌고, 그래서 내가 꾸는 꿈은 하나님의 꿈이며, 나의 꿈은 나의 인격과 영혼, 인성, 그리고 내가 갖는 관심에 의하여 결정된다.

우리의 꿈이 원대할 수밖에 없는 이유는, 인간의 꿈은 하나님의 꿈이며, 그 사람의 인격이고, 그의 영혼의 크기이며, 그 인간의 종류이고, 그가 하는 일의 관심이기 때문이다.

나는 영어 Give Up-포기하다-에 대하여 많은 생각을 했었다. 우리는 뭔가를 하지 않을 때는 흔히 "내려놓다. 버리다."라는 단어를 쓴다. 왜 Give Down이나 Off가 아니고 Up일까! 글자 그대로 해석하면 위로 주는 것인데, 나 혼자서 내린 결론은 "공중의 권세 잡은 자"〈에베소서 2:2〉가 바라는 것으로 '하나님의 백성들이 포기하기를 부추기는 사탄의 말이다.'라는 것이다.

"생생한 꿈은 현실이 된다."는 말은 성공한 사람들이 그들의 자서
전에서 익히 밝히고 있는 사실이며, "드림 빌딩" 없이 성공한 사람
또한 없었다.

우리가 어떠한 꿈을 꾸던, 그 꿈이 '하나님의 꿈'이라는 사실을 안
다면 무소부재 전지전능한 하나님에 의하여 그 꿈이 완성되리라는
사실 역시 의심의 여지가 없다.

나의 꿈은 하나님의 꿈이기 때문에 그것(사탄)에게 주어서는 안 된
다는 신념이 포기를 보류하고 고난을 극복하게 만들 것이다.

표 4-5 성공프로세스

성공한 사람들은 꿈을 이루는 공식을 가지고 있다. 표 4-5는 꿈을
이뤘던 사람들의 성공 프로세스이다. 현실을 파악하고, 기회를 포착
하고, 성공에 필요한 정보를 수집하고, 방향을 설정하고, 이미 이루
어진 모습을 생생하게 꿈을 꾸면서 끝까지 포기하지 않았기 때문에
그들은 성공했다.

지금 생각으로는 도저히 이해하지 못할 속담이 있다. "오르지 못할 나무는 쳐다보지도 마라. 원숭이도 나무에서 떨어진다. 꿈 깨라. 송충이는 솔잎만 먹어야 한다. 분수를 알라."는 등의 꿈을 짓밟는 속담이다.

아무리 조심성을 강조한다고 해도 우리는 그런 말을 해서는 안 된다. 우리는 포기하지 않는 이상 "꿈은 이루어진다. 꿈을 꾸어라."라고 항상 말해야 한다.

내가 읽은 꿈에 관한 책은 이지성의 저서 『꿈꾸는 다락방』, 차동엽의 저서 『무지개 원리』와 조엘 오스틴 목사의 저서 『긍정의 힘』, 나폴레온 힐의 저서 『나의 꿈 나의 인생』 등이 있으며, 전문강사 김미경의 강의도 많이 들었다.

꿈을 이야기할 때면 성경에 나오는 요셉과 그의 꿈을 간과할 수가 없다. 그는 "꿈꾸는 자"로 묘사되기 때문이다. 중요한 사실은 그 꿈에 대하여 그도 믿고, 그의 아버지도 믿었다는 점이다.

종교적 의미를 떠나서 해석하면, 요셉의 꿈은 작았다. 오직 형제들에게 인정받는 것에 만족했다. 그는 아버지를 이방인의 땅으로 모시지 말았어야 했다. 우상이 넘치는 나라에서 하나님의 백성이 무엇을 배웠겠는가. 환경의 중요성을 알아차린 맹자의 어머니는 자식을 위해서 세 번이나 이사를 했다.

요셉이 좀 더 원대한 꿈을 꾸었다면 이스라엘 민족이 4백 년이란 세월 동안 이방인의 땅에서 노예생활을 하지 않았을 수도 있었다는 생각을 해봤다. 요셉은 애굽의 2인자로 만족하지 말고 애굽을 정복하여 하나님의 나라로 만들었어야 했다.

애굽에서 탈출한 이스라엘 민족은 40년이란 긴 세월을 광야에서 고생하며 지냈다. 1주일도 걸리지 않는 거리를 가는데 40년이 걸렸다. 이방인의 풍습에 물든 세대가 젖과 꿀이 흐르는 가나안 땅에서 살며 예전의 습성을 버리지 못하고 오염시키는 것을 바라지 않은 하나님의 고육지책이었다는 생각을 나는 떨칠 수가 없다.

창세기 37장 5절~11절

5. Joseph had a dream, and when he told it to his brothers, they hated him all the more.

   요셉이 꿈을 꾸고 자기 형들에게 말하매 그들이 그를 더욱 미워하였더라.

6. He said to them, "Listen to this dream I had:

   요셉이 그들에게 이르되 청하건대 내가 꾼 꿈을 들으시오.

7. We were binding sheaves of grain out in the field when suddenly my sheaf rose and stood upright, while your sheaves gathered around mine and bowed down to it."

   우리가 밭에서 곡식 단을 묶더니 내 단은 일어서고 당신들의 단은 내 단을 둘러서서 절 하더이다.

8. His brothers said to him, "Do you intend to reign over us? Will you actually rule us?" And they hated him all the more because of his dream and what he had said.

   그의 형들이 그에게 이르되 네가 참으로 우리의 왕이 되겠느냐 참으로 우리를 다스리게 되겠느냐 하고 그의 꿈과 그의 말로 말미암아 그를 더욱 미워하더니

9. Then he had another dream, and he told it to his brothers. "Listen," he said, "I had another dream, and this time the

sun and moon and eleven stars were bowing down to me."

요셉이 다시 꿈을 꾸고 그의 형들에게 말하여 이르되 내가 또 꿈을 꾼즉 해와 달과 열한 별이 내게 절 하더이다 하니라.

10. When he told his father as well as his brothers, his father rebuked him and said, "What is this dream you had? Will your mother and I and your brothers actually come and bow down to the ground before you?"

그가 그의 꿈을 아버지와 형들에게 말하매 아버지가 그를 꾸짖고 그에게 이르되 네가 꾼 꿈이 무엇이냐 나와 네 어머니와 네 형들이 참으로 가서 땅에 엎드려 네게 절하겠느냐

11. His brothers were jealous of him, but his father kept the matter in mind.

그의 형들은 시기하되 그의 아버지는 그 말을 간직해 두었더라.

요셉의 형제들이 요셉을 시기했듯이 "사촌이 논을 사면 배 아프다."는 속담이 있다. 잘 되기를 바라지 않는 마음일 수도 있고, 나는 살 수 없는데 사촌이 사서 상대적 박탈감을 느껴서일 수도 있다.

비록 우리의 꿈을 누군가는 시기하고, 배 아파하고, 의욕을 짓밟을 수도 있지만 나의 꿈이 하나님의 꿈이라는 사실을 잊지 않는다면 그로 인하여 포기하는 일은 없을 것이다.

예레미아 33장 2절~3절

This is what the LORD says, he who made the earth, the LORD who formed it and established it--the LORD is his name: 'Call to me and I will answer you and tell you great and unsearchable things you do not know.'

일을 행하는 여호와, 그것을 지어 성취하는 여호와, 그 이름을 여호와라 하는 자가 이같이 이르노라. 너는 내게 부르짖으라 내가 네게 응답하겠고 네가 알지 못하는 크고 비밀한 일을 네게 보이리라

하나님이 우리에게 보이겠다고 말씀한 크고 비밀한 일은 "우리가 생각하는 대로 된다. 믿음대로 된다. 목표하는 대로 된다."는 것이다.

자유의지

창세기 3장 3절

But God did say, 'You must not eat fruit from the tree that is in the middle of the garden, and you must not touch it, or you will die.'

동산 중앙에 있는 나무의 열매는 하나님의 말씀에 너희는 먹지도 말고 만지지도 말라 너희가 죽을까 하노라 하셨느니라.

창세기 3장 6절

When the woman saw that the fruit of the tree was good for food and pleasing to the eye, and also desirable for gaining wisdom, she took some and ate it. She also gave some to her husband, who was with her, and he ate it.

여자가 그 나무를 본즉 먹음직도 하고 봄직도 하고 지혜롭게 할 만큼 탐스럽

기도 한 나무인지라 여자가 그 열매를 따 먹고 자기와 함께 있는 남편에게도
주매 그도 먹은지라

　모든 것이 운명이라고 말하는 사람도 있지만, 우리는 운명지어지
거나 예정된 것이 아니고 오직 행동에 따른 책임이 따르는 존재임을
알 수 있다. '운명지어졌다거나 예정되었다'고 말하는 것은, 아마도
자기의 선택에 책임지지 않으려는 자의 변명일 것이다.
　전지전능한 신은 우리가 선악과에 접근을 못하도록 할 수도 있고
아예 만들지 않을 수도 있는데 만들어 놓고서 '먹지 마라'고 말씀하
신 것은 시험하기 위한 것이 아니고, 오직 자유의지를 가졌음을 알
리고, 그것을 가진 자에게 말하는 권고이다.
　우리가 어떤 일을 행하면 결과가 어떻게 된다는 사실을 하나님은
알지만, 우리의 자유의지를 존중하여 개입하지 않는다. 오직 지켜보
며 안쓰러워하시는 하나님을 생각하면, 모든 일을 행함에 있어서 기
도하며 묻는 것이 우선이다. 하나님은 공정한 관찰자이다.

　우리에게 주어진 자유의지 때문에 우리는 선택하고 책임지는 삶
을 살아야 한다. 우리의 삶은 선택의 연속이다. 내가 품성을 계발하
면 할수록 선택장애를 극복하여 보다 나은 선택을 할 수 있을 것이
고, 이는 꿈꾸는 소비로 연결될 것이다.

CHAPTER

관계설정

우리는 어떤 관계에서 살고 있는가?

  우리는 많은 사람과 사물과 현상을 만나고 관계를 맺으며 살고 있다. 그러한 관계는 부모님이나 형제처럼 선택이 불가능한 만남에 의한 것도 있지만 대부분은 나의 자유의지에 따른 선택이고, 만남이고, 관계이다.

  사회생활을 하는 우리는 타인이 주는 영향력과 환경을 무시할 수 없으므로 하나님을 비롯한 타인과 관계를 맺음에 있어서 내가 설정한 분명한 기준점이 있어야 한다. 만약 없다면 관계가 불편할 뿐만 아니라 스치면서 건네는 타인의 말 한마디에도 감정이 솟아오르고 신념이 흔들릴 수 있다.

  거의 모든 불행은 인간관계에서 비롯되고, 현상을 부정정적으로 수용하는 것으로부터 시작되기 때문에 올바른 관계를 위한 기준점 설정이 매우 중요하다.

표 5-1 만남의 대상

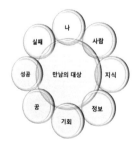

꿈꾸는 소비

표 5-1은 어제도 만났고, 오늘도 만났고, 내일도 만날 수밖에 없는 내용이다. 누구를 만나야 하는지, 무엇을 만나야 하는지, 어떤 선택을 하여야 하는지, 어떤 관계를 맺어야 하는지, 어떤 만남이 기분 좋은 만남인지, 그 감정을 어떻게 처리할지에 대한 기준이 설정되어 있으면 만남과 마주했을 때 우리는 좀 더 여유 있는 마음으로 판단하고, 선택하고, 수용할 수 있을 것이다.

표 5-2 관계구도

나의 관계의 기본은 '하나님 사랑, 이웃 사랑'이며, 나의 과거와 현재와 미래는 물론, 타인의 과거와 현재와 미래도 하나님을 중심에 두고 있다. 그러나 하나님을 믿지 않는 사람들은 다른 신을 중심에 두고, 무신론자는 세상을 중심에 두고, 아니면 본인을 중심에 두고 서로 관계를 맺으며 살고 있다고 생각한다.

우리는 타인이 바라보고 내가 바라보는 관점에 따라서 관계가 형성되고, 인물이 되어감에 영향을 주기도 하고 받기도 한다. 타인과의 관계에 있어서 과거와 현재는 어쩔 수 없지만, 미래에 누구를 만나서 관계를 맺을지는 선택이 가능하므로 이를 고려하여 관계를 맺는 것이 바람직하다.

현재의 내가 바라보는 나의 과거는 신체적, 언어적, 정신적 행위의 기억과 경험이므로 이것을 거울삼아 미래를 위한 교훈으로 목표를 설정하고 편견을 갖지 않도록 해야 한다.

시간은 멈추지 않고 현재라는 지점을 순식간에 지나간다. 그래서 현재의 나를 규정짓거나 조건 지으면 나는 과거의 상태로 살아야 한다. 현재는 되어감에 기준을 두며 항상 변화의 가능성을 갖고 지식을 추구하는 상태여야 한다.

내가 어제처럼 산다면 나의 미래는 오늘이다. 그래서 우리는 미래의 내 모습을 설정하고 생생하게 바라보며 살아야 한다. 절대로 잊어서는 안 되는 것은, 내가 상상하는 미래의 내가 결국은 '나'라는 것이다.

내가 바라보는 거울의 저편에 보이는 내가 나다. 웃으면 웃을 것이고, 울면 울 것이다. 내가 한 발 다가가면 그도 한 발 다가오고, 내가 한 발 물러나면 그도 한 발 물러난다. 거울 속에서는 두 배의 속도로 멀어지고 두 배의 속도로 가까워진다.

우리는 과거의 추억 속에서 살 수도 있고 상상의 미래 속에서 살 수도 있다. 즉 지나간 일을 생각하면서 살거나 다가올 일을 꿈꾸거나 걱정하며 산다.

결코 되돌릴 수 없는 과거의 일이나 일어나지도 않을 미래의 일을 걱정하면서 사는 것보다는 '되어가는 일, 쌓아가는 일'을 하나라도 더 하는 것이 너무 멀어서 희미하거나 잘 보이지 않는 거울 속의 나를 더 빨리, 더 가까이서 볼 수 있게 할 것이다.

최소한 하루에 5분씩이라도 '되어가는 일'이나 '쌓아가는 일'을 10

년간 계속한다면 이미 '되어있는 나' 또는 '될 수 있는 나', 그리고 그것이 무엇이든 '쌓여 있는 자산'을 뚜렷이 볼 수 있을 것이다.

팀 페리스는 저서 『지금 하지 않으면 언제 하겠는가』에서 "관계는 기회로 들어가는 입구다."라고 표현했다.

표 5-3 데일 카네기의 인간관계 3원칙

내용		
1	꿀을 얻으려면 벌통을 걷어차지 마라	타인을 비난이나 비평, 불평하지 마라
2	칭찬은 무쇠도 녹인다	솔직하고 진지하게 칭찬하라
3	상대의 입장에서 사물을 보라	다른 사람들의 열렬한 욕구를 불러 일으켜라

인간관계에 대해 관심을 가진 사람이라면 데일 카네기의 저서 『인간관계론』을 읽어보았을 것이다. 이 책은 1937년 초판이 발행된 이후 꾸준히 베스트셀러 자리를 유지하고 있다.

우리는 상대방을 안다고 생각할 때, 그가 나를 이해하고 내가 말하지 않아도 상대방이 알아차려 주고 배려해줄 것이라고 지레짐작한다. 특히 친할수록, 그리고 가족이라면 더욱 그렇다. 그러나 언어를 통해서 전달하지 않으면 오해만 깊어진다.

친밀한 관계를 위해선 공적인 언어보다 우리가 모르는 상대방의 사적인 언어를 이해하려는 노력이 중요하며, 대화를 잘하기 위해서는 넘겨짚지 말고 상대가 완전히 말을 마치도록 기다릴 줄 알아야 한다. 또한 처음 듣는 단어라면 의미를 묻고 심지어는 다시 말해달라는 부탁도 하여야 한다.

표 5-4 캔 블랜차드의 칭찬 10계명

	내용
1	칭찬할 일이 생겼을 때 즉시 칭찬하라
2	잘한 점을 구체적으로 칭찬하라
3	가능한 한 공개적으로 칭찬하라
4	결과보다는 과정을 칭찬하라
5	사랑하는 사람을 대하듯 칭찬하라
6	거짓없이 진실한 마음으로 칭찬하라
7	긍정적인 눈으로 보면 칭찬할 일이 보인다
8	일이 잘 풀리지 않을 때 더욱 격려하라
9	잘못된 일이 생기면 관심을 다른 방향으로 유도하라
10	가끔씩 자기 자신을 칭찬하라

"칭찬은 무쇠도 녹인다."는 말과 비슷한 제목의 책으로 켄 블랜차드 공저 『칭찬은 고래도 춤추게 한다』가 있으며 표 5-4는 그가 말하는 칭찬의 10계명이다. 칭찬은 긍정적인 효과가 매우 크지만 부정적인 효과도 있으므로 칭찬하는 방법을 제대로 배워야 한다. 행동심리학자들은 결과보다는 과정을 칭찬하는 것이 효과적이라고 말한다.

부모님, 자녀, 배우자, 친인척, 동료 등 모든 사람이 타인이다. 즉 내가 아니다. 내가 아닌 사람과는 관계를 가져야 하며, 성공적인 관계를 유지하기 위하여 각각에 맞춰서 기준을 설정해 두어야 한다.

부모님과의 기준점은 관심이다. 흔히 효라고 말하지만 효(孝)의 의미는 "어버이를 잘 섬기는 일"이므로 너무 막연하고 객관적이지 않다. 모든 관계는 관심에서 시작되기 때문에 관심이 없다면 효도 사랑도 없다는 생각이다.

배우자와의 관계는 대체가 가능하지 않다는 특징 때문에 배려가 기본이지만, 그런 기본 설정은 결혼 전에 이뤄져야 한다.

왜냐하면 결혼 후에 배우자의 태도나 가치관을 바꿀 수는 없으며, 아예 바꿀 생각도 말아야 하기 때문이다. 바꾸려다 관계만 나빠진다. 오히려 포기할 것을 포기하면 삶이 참 평안해진다.

우선 배우자가 무엇인지 개념을 정리해둘 필요가 있다. 진화론적 입장에선 오직 생존과 번식을 고려하여 남편은 사냥을 잘하는 "먹이 추적자"여야 하고 아내는 주변을 경계하며 가족을 잘 지키는 "둥지 수호자"면 충분하다. 그러나 이것은 남녀평등 시대인 오늘날의 세상에는 맞지 않은 말이다.

성경에 의하면 우리의 배우자는 〈Helper〉이고, 그것도 합당(Suitable) 해야 한다. '합당하다'의 의미는 "어떤 기준, 조건, 용도, 도리 따위에 꼭 알맞다."이다.

창세기 2장 18절

The LORD God said, It is not good for the man to be alone. I will make a helper suitable for him.

여호와 하나님이 이르시되 사람이 혼자 사는 것이 좋지 아니하니 내가 그를 위하여 돕는 배필을 지으리라 하시니라.

인생에 있어서 가장 큰 영향을 주는 관계가 부부이기 때문에, 우리는 배우자를 선택함에 있어서 매우 신중히, 합당함(Suitable)에 대하여 사고(思考)하여야 한다.

결혼 전에 필히 물어봐야 할 것 중 하나가 배우자의 꿈(되기, 하기,

갖기)이다. 서로가 꿈을 물었을 때, '나는 당신의 꿈을 알고, 그 꿈에 관심이 있으며, 그 꿈을 이루도록 충분하지는 않지만 작은 도움이나마 줄 수 있으므로 배우자가 되기에 합당하다.'고 서로 대답할 수 있어야 한다.

만약 꿈이 없는 배우자와 오직 사랑 때문에 결혼한다면, 둘 다 꿈이 없을 때는 무척 행복할지 몰라도 누군가 한 사람이 꿈을 갖게 되는 그 순간부터 다른 한 사람은 분명히 소외감을 느끼거나 도움을 주지 못할 때는 무시당하거나 원망받는 일이 생길 것이다.

바람직한 결혼생활의 배우자는 상호 간의 꿈을 이루도록 돕는 자(Helper)여야 한다. 그래야 상호 간에 관심과 배려와 존경과 사랑으로 가치를 공유하는 동반자가 될 수 있을 것이다.

"어느 누구도 배우자보다 행복해서는 안 된다."는 글을 어느 책에서 보았다. 정말 의미심장한 말이다. 그래서 결혼 후라도 물어야 한다.

'당신의 꿈은 무엇입니까?'

이 질문은 부부가 함께 살며 같은 곳을 바라보지 않더라도 서로 도움을 주고 관심을 가질 수 있는 기본적인 질문이다.

자녀와의 관계설정 기준점은 교육이다. 교육을 최우선으로 두고 설정하여야 한다. 교육은 후대와 인류의 생존에 관한 것이고, 우리가 배웠던 것을 전달하여 더 나은 삶을 살도록 삶의 기술을 가르쳐 돕는 일이다.

사람은 자기가 바라는 대로 되기도 하지만 남들이 바라보는 대로 되어가기도 한다. 이것이 자녀에게 일방적인 신뢰를 보내야 하는 이유이다.

젊은 나이에 대학교수가 된 조카는 어릴 때 공부에 별로 관심이 없었다. 그러나 누나는 "우리 교수님. 박사님."이라고 부르며 기대를 버리지 않았다. 그래서 그런지 그 조카는 유학을 다녀오지 않았음에도 박사학위를 가진 교수가 되어 훌륭한 삶을 살고 있다.

이와 관련하여 조카의 말을 들어보니 엄마가 그렇게 이야기하니 정말 그런 줄 알았다고 한다. 양자(兩者)가 신뢰한 결과이다. 자녀가 아무리 자주 '아니다'라는 신호를 보낼지라도, 그 신호를 무시하고 전폭적인 신뢰를 보내는 것이 자녀교육에서 매우 중요함을 알았다.

살아있는 모든 것이 지닌 삶의 기술은 유전자를 통하여 전달되지만, 그것의 계발은 후천적인 지식교육이다. "자녀는 부모의 뒷모습을 보고 자란다."고 하니 20년 이상을 함께 하는 부모의 역할이 작지 않다.

자녀의 목표를 확인하고, 공감하고, 응원하며, 통찰력을 키워주고, 능력과 재능에 대한 보답보다는 과정과 노력에 대하여 보상하고, 실패했을 때는 다시 도전할 용기를 주어야 한다.

어렵게 보이는 일이라고 생각되면 자녀에게 관심을 가지고 적절한 시기에 칭찬과 질문을 하는 것도 하나의 방법이다. 자녀의 꿈이 무엇인지조차 모르거나 자녀의 꿈을 무시하는 부모가 되어서는 절대 안 된다. "너는 항상 왜 그러냐!"와 같은 말로 조건화하거나, 규정짓지 말고, 신뢰하고, 인정하고, 경청하고, 소통하고, 사랑하라고 전문가는 말한다.

자녀교육은 무지에 대한 책임을 가르치고 가치와 기준에 대한 설정을 돕는 일이기도 한다.

타인과의 관계설정의 기준점은 인정이다. 타인을 인정하고, 수용하고, 이해하지 못하면 원만한 관계를 가질 수가 없다. 우선 인격의 동등함을 바탕으로 서로 다름을 인정하고 사랑과 연민과 선한 의지를 가져야 한다. "무엇이든지 남에게 대접을 받고자 하는 대로 너희도 남을 대접하라."는 황금률을 의식해야 한다.

헨리 클라우드는 저서 『타인의 힘』에서 타인과의 진정한 연결이란 우리의 가슴, 마음, 영혼, 열정을 모두 바칠 수 있는 관계로, 그 안에서 우리는 완전하고, 진실하며, 꾸밈없는 나로 존재할 수 있으며, 관계를 맺은 당사자 모두 완전한 자아로 존재하고, 서로 이해하고, 투자해야, 상호 간에 생각하고, 느끼고, 믿고, 경외하고, 원하는 것을 완전히 공유할 수 있다고 했다.

우리는 타인을 무조건 신뢰할 수도 없고, 신뢰하는 것도 아니다. 우리가 신뢰할 수 있는 것은 그들이 알게 모르게 보내는 신체적, 정신적, 언어적 신호를 나의 감각기관이 믿어도 좋다고 인지하기 때문이다.

나는 부동산 중개업을 하면서 이 같은 일을 많이 경험하였다.

동일한 년도에 대량으로 지어진 아파트나 주택을 구입하기 원하는 가망고객을 현장에 모시고 가서 그들이 나누는 대화를 들어 보면 계약을 할 분인지 아닌지 금방 알 수 있는데, 그들이 보내는 공통적인 신호가 있기 때문이다.

그들이 보내는 신호는 아직 매매계약도 하지 않았는데 "여기는 이렇게, 저기는 저렇게."라는 리모델링 구상이다. 사업 초기에는 구매 의사가 강한 사람인 줄 알았는데 몇 차례 경험을 통하여 구입할 의사가 없다는 시그널임을 알았다. 그러면 나도 "당신은 구매할 사람이 아니다."라는 신호를 무의식 상태에서 보냈을 것이다. 이러한 이유로 거래는 이루어지지 않았다.

우리가 부동산을 살 때는 왜 그 부동산을 사야 하는지 목적이 확실해야 한다. 다시 말해 출퇴근, 학군, 개발 가능성, 시세차익, 임대 등의 구입목적이 있어야 한다. 부동산이면 다 돈이 되는 줄 알고 다소 여윳돈이 있다고 하여 돈에 맞추어 덥석 샀다가 하소연하는 사람도 많이 봤다. 최소한 부동산의 모든 것이라고 할 수 있는 땅의 위치와 모양이라도 고려해야 한다.

부동산을 리모델링 하는 것은 부동산 구입목적이 아니라 주거목적이거나 사업목적이다. 구입목적을 가진 사람은 나름대로 목적을 염두에 둔 질문을 하고 조언을 구하며 정보를 찾는다.

부동산 자체가 중개업자에게 보내는 신호도 있다. 주변보다 월등히 저렴하다면 빠른 시일 내에 매매가 되겠지만, 조금 비싸도 매매가 되겠다는 예감이 드는 부동산이 있다. 그러한 부동산은 소유주가 땅과 건물을 제대로 활용하지 못하고 있는 경우이다. 업종이나 용도변경이 이루어지면 가치가 증가할 수 있는 부동산이 바로 그것이다.

사물이든 사람이든 상호 간에 보내고 받는 신호에 의해서 신뢰 여부를 결정하는 것이지 일방적으로 하는 것이 아님을 경험한 사례이다.

사물인터넷이 발달하고, 택배가 무인자동차와 드론으로 이루어지고, 3D 프린터가 현장에서 제품을 제조하기 시작하는 시대에는 공간과 시간과 교통에 대한 개념이 완전히 바뀌게 될 것이고, 이로 인해 현재의 부동산 시장과는 완전히 다른 시장이 형성될 것으로 보인다.

한마디로 새로운 개념의 부동산 시장이 형성될 것이므로 과거의 개념으로 부동산에 투자하여 돈을 벌겠다는 생각은 다시 한번 고려해야 할 때가 되었다는 것이다.

알프레드 아들러는 "인간의 모든 행동에는 목적이 있고, 상대가 존재하고, 사람은 상대에 따라 감정이나 행동을 바꾼다. 의사소통 과정에서 필요 없는 간섭으로 인한 갈등을 일으키지 않는 사고방식이 '과제의 분리'다. 상대방의 문제인지 나의 문제인지 명확하게 인지하고, 그 목적을 파악하고 이해하라."라고 했다.

과제의 분리와 신뢰는 설정된 관계를 잘 유지하기 위해서 필요한 것이다. 내가 나를 신뢰하지 않으면 타인은 두말할 것도 없이 나를 신뢰하지 않으므로, 스스로 신뢰할 만한 사람으로 자기를 계발하는 것이 중요하다.

그리고 타인과 관계를 가질 때는 목적이 분명해야 한다. 목적에 맞추어 정해진 기준으로 관계가 설정되어 있을 때 우리는 서로 좋은 관계를 유지할 수 있을 것이다.

CHAPTER

질문하기

우리가 질문을 해야 하는 이유는
무엇인가?

질문은 사고하는 능력을 키운다. 『어떻게 배울 것인가』의 저자 존 맥스웰은 "삶의 단계마다, 그리고 인생의 중요한 순간에 질문을 던져라."라고 했다.

표 6-1 문 열기

문을 여는 쉬운 방법은 없는가? 처음 보는 문을 열려고 할 때는 우선 위치와 모양과 구조를 인식한 후 약간의 주저함을 떨쳐낼 용기를 내어 만져 볼 것이고, 앞뒤 좌우로 밀어보거나, 좌우로 돌려 보면서 열려고 할 것이다.

열쇠 등의 고정장치가 없는 대부분의 문은 그렇게 하면 열리겠지만, 가장 쉬운 방법은 그냥 질문으로 도움을 청하는 것이다.

"이 문을 여는 방법 좀 알려 주시겠어요?"

기회의 문이든 성공의 문이든 일반 문이든, 쉽게 문을 열려고 한다면 질문하는 것이 가장 빠른 방법일 것이다.

나는 3명의 손자·손녀를 자주 돌본다. 식구들이 각자(各自)의 일로 바쁠 때는 3, 9, 11살의 애들을 혼자서 한꺼번에 데리고 다닐 때도 종종 있다. 가까운 공원에 나들이를 갈 때도 최소한 물병, 티슈, 타올, 간식, 구급용 밴드는 기본으로 챙기며, 목적지에 따라서 준비해야 하는 것들이 추가로 생겨난다.

천방지축으로 날뛰는 애들이 놀다가 넘어져 상처가 나면 어떻게 하지, 목마르고 배고프다고 하면 어떻게 하지, 놀다가 지루해하면 어떻게 하지 등의 질문은 현실점검이 되어 있기 때문에 가능하며, 현실을 파악하고 질문을 하면 목적지에 따라서 필요한 준비를 더 잘할 수 있다.

현실점검을 한다는 것은 내가 처한 위치와 나의 마음 상태를 확인해 보는 것이다. 출발한 곳을 모르면 도착할 곳도 모르기 때문에 현실점검을 하여 의식을 깨워야 한다. "인생에 있어서 성공은 자기 자신을 아는 것에서 시작하여 가치있는 일을 점진적으로 성취해 나아가는 것."이라고 한다.

나는 젊은 시절 외항선박의 무

선통신사로 세계의 거의 모든 바다를 항해해 보았다. 선박의 항해사가 망망대해에서 목적지를 찾아가기 위해 첫 번째로 하는 일이 바로 현재 위치를 해도상에 표시하는 것이고, 항해 중 하루에도 여러 차례 위치를 파악하여 항로를 수정하곤 한다.

그러나 현재는 위성 항법 장치(GPS)의 발달 덕분에 실시간으로 위치를 파악하여 항로를 수정하며 항해한다. 우리가 현대를 항해한다면, 우리 역시 GPS를 가질 필요가 있다.

표6-2 리치 디보스의 16가지 질문

내용	
1	우리는 누구인가
2	우리는 어디로 향하고 있는가
3	우리는 어디로 가기를 원하는가
4	목표를 성취하기 위해 돈은 왜 그렇게 필요한 것인가
5	일이란 무엇이며 어떻게 우리의 삶을 풍요롭게 해줄 수 있는가
6	자본주의란 무엇이며 어떻게 우리의 삶을 풍요롭게 해줄 수 있는가
7	더불어 사는 자본가란 무엇이며 왜 더불어 사는 자본가가 되어야 하는가
8	우리는 왜 사업을 고려해야 하는가
9	성공하기 위해서는 어떠한 마음가짐이 필요하며, 어떻게 하면 이러한 마음가짐을 계발할 수 있는가?
10	스승이란 무엇이며, 왜 우리는 스승이 필요한가
11	성공을 위해서는 목표가 중요하며 그것을 어떻게 설정할 것인가
12	어떤 마음가짐, 어떤 행동, 어떤 각오가 우리를 성공으로 이끄는가
13	우리는 왜 사람들이 스스로를 도울 수 있도록 도와주어야 하는가
14	왜 우리는 스스로 도울 수 없는 사람들을 도와야 하는가
15	우리는 왜 지구를 보존하고 보호해야 하는가
16	우리가 다른 사람에게 도움의 손길을 뻗으면 어떤 일이 일어나는가

암웨이의 공동창업자이고, 올랜도 매직 NBA 농구팀 구단주이며, 세계적인 백만장자인 리치 디보스(1926~2018)는 저서『더불어 사는

자본주의』에서 표 6-2와 같은 16개의 질문으로 전 세계 수백만 명의 생각을 깨우치고 자립할 수 있는 길을 열어주었다.

리치 디보스는 선구자이다. 2012년 다보스 포럼에서 자본주의의 위기가 주제로 떠오르자 주주 위주의 이기적인 자본주의에서 고객 위주의 이타적인 자본주의를 주장하였는데, 그는 그보다 20년 앞선 1992년에 『더불어 사는 자본주의』를 통해 이타적인 자본주의를 역설하였다.

그는 저서 『더불어 사는 자본주의』와 강연을 통해서 우리들 모두에게 우리가 의지할 신념과 달성할 목표와 다른 사람을 도움으로써 스스로 돕는 방법 등을 가르쳐 주고 있다.

그는 자기가 설교한 대로 실천한 사람이기 때문에, 아마도 리치 디보스의 생애보다 더 훌륭한 본보기는 그다지 많지 않을 것이다.

다국적 회사 암웨이가 주목받을 수밖에 없는 이유는 "Helping People Live Better Lives"라는 창업자의 신념을 60년 이상 변함없이 고수하고, 사업파트너가 부자로 살 수 있는 교육시스템을 가지고 상생을 실천하기 때문일 것이다.

표 6-3 내가 나에게 하는 질문

내가 나에게 질문하는 것은 항해하는 선박이 현재 위치를 파악하는 것과 같다. 보다 나은 삶과 삶의 목적을 위해서, 그리고 항상 깨어있기 위해서는 늘 질문해야 한다. 질문은 문제를 해결하는 열쇠이고, 기회와 성공의 문을 여는 열쇠이기도 하기 때문이다.

WHO

나는 누구인가, 무엇이 되고 싶은가 등의 질문은 품성, 능력, 건강, 삶의 목적과 철학 등에 관한 것으로 자기에 대한 성찰의 시간을 갖기 위함이다. 충분히, 그리고 자주 질문함으로써 얻을 수 있는 이점은 되고 싶은 나의 자아를 찾고 품성의 계발을 위해 노력하며 용기와 흔들리지 않는 신념으로 자존감과 긍정성을 키울 수 있다는 것이다.

WHAT

무엇을 하고 있느냐, 무엇을 하려고 하느냐, 무엇이 필요하느냐 등의 질문은 수단과 목적과 이유를 찾는 질문으로 선한 삶을 위한 선한 직업을 찾는데 도움을 준다.

WHERE

시간과 물리적 공간에서 나는 어디에 위치하는가, 어디쯤 가고 있는가, 어디로 가고 있는가, 현재하고 있는 일이 안전지대에 머물고 있는가, 안락지대에 머물고 있는가, 두 지대가 일치하고 있는가 등의 질문은 현실을 점검하고, 방향을 수정할 때 필요한 질문이다.

WHEN

시간적인 질문으로 지금은 어느 시대이냐, 내가 하는 일은 시대에 맞느냐, 언제 시작할 것이냐, 언제 끝낼 것이냐 등의 질문은 시대와 트렌드에 관한 것이다.

시대의 변화에 따라서 생겨나는 직업과 사라지는 직업을 알지 못하면 임시직 일용직에서 벗어날 수가 없기 때문에 시대가 요구하는 생산요소에 맞는 생산수단을 갖고 있는지 살펴봐야 한다.

WHY

이 질문은 목적의식과 사명감을 확고히 하여, 가슴을 뛰게 하고, 자신과 타인에게 영감을 주며, 인내심, 끈기 등 흔히 말하는 GRIT을 키우는 질문이다.

사이먼 사이넥은 저서 『나는 왜 이 일을 하는가』에서 꿈꾸고, 사랑하고, 열렬이 행하고, 성공하기 위하여 하는 질문이 "Why"라고 했다.

그러나 남에게 질문할 때 조심해야 할 의문사가 바로 'Why'이다. 왜냐하면 추궁이나 비난으로 받아들여질 수 있기 때문이다. 하지만 추궁이나 비난이 아닌 'WHY'는 동기와 영감을 부여한다.

사람을 설득하는 것도, 제품을 세일즈 하는 것도, 이유를 설명하지 못하면 '그냥'이라는 말밖에 할 수가 없어 성공하기 힘들다. 전문가들은 "왜냐하면~"이라는 한 단어가 많은 것을 얻어내는 마법의 단어라고 말하니 실제 사용해 볼 일이다.

HOW

어떻게 할 것인가, 어떻게 될 것인가 등의 질문은 사고능력과 대처능력을 키우고, 누군가의 조언을 구하며, 스승을 찾게 만들고, 그로 인해서 관계를 확대시키고, 신념을 실현시키고, 다음을 예측하게 하는 질문이다.

이와 같은 6개의 질문을 자신에게 함으로써 스스로 발전하고 생각하게 만들 수도 있지만, 남에게 함으로써 그들도 발전하고 생각하게 하는 동기를 부여할 수도 있다.

그리고 이러한 질문은 수 세기의 역사 속에서 묻고 대답해 왔던 것으로, 개개인이 자신의 방법대로 스스로에게 묻고 대답해야 한다.

"인생은 항해다. 인생은 고행이다. 인생은 선택이다."라고 표현하듯이, 인생은 항해의 연속이고, 고행의 연속이고, 선택의 연속이다. 이 것을 부정할 사람은 아무도 없다. 그러나 그것을 대하는 사람들의 생각에는 차이가 있다.

나는 인생이란 내가 선택한 것을 합리화시키며 사는 것이라고 생각한다. "핑계 없는 무덤은 없다."는 속담이 있듯이, 나뿐만 아니라 많은 사람들이 핑계거리를 합리화시키며 살고 있기 때문에 그렇게 표현한 것이다.

내가 주장하고 싶은 것은, 그러한 핑계거리는 주관적인 경우가 많으므로 긍정성을 합리화하며 살고 있는지, 부정성을 합리화하며 살고 있는지 수시로 질문해 봐야 한다는 것이다. 즉 할 이유를 찾아 긍정적으로 합리화하는지, 하지 않을 이유를 찾아 부정적으로 합리화하는지 질문해야 한다는 것이다.

단언하지만 부정성을 합리화해서는 결코 성공의 기회를 잡을 수

꿈꾸는 소비

도, 성공할 수도, 성장할 수도 없다. 가까운 주변만 살펴봐도 애부터 어른까지 많은 사람들이 부정성을 합리화하면서 살고 있는데, 가난한 사람일수록 더 그렇다는 것을 알아차릴 수 있다.

표 6-4 인생의 답을 찾아주는 다섯 개의 열쇠

내용		
첫 번째	잠깐만요, 뭐라고요?	이해를 위한 질문
두 번째	나는 궁금한데요?	호기심 때문에 하는 질문
세 번째	우리가 석어도~~은 할 수 있지 않을까요?	최소한의 시도를 위한 질문
네 번째	내가 어떻게 도울까요?	상대를 배려하는 질문
다섯 번째	무엇이 가장 중요한가요?	하는 일의 목적과 이유를 찾는 질문

제11대 하버드교육대학원장인 제임스 라이언 박사가 저서 『하버드 마지막 강의』에서 인생의 답을 찾아주는 "성능 좋은 열쇠다."라고 말한 다섯 개의 질문이다. 우리가 어떤 일을 하던 이 같은 질문은 인생의 전반에 걸쳐 필요하다는 것을 느낄 수 있다.

다섯 개의 질문은 이 책의 내용과 관련해서도 던질 수 있다. 특히 경제적 자립은 인간의 자유와 직결되고, 인간이 되는 조건 중 하나이므로 우선적으로 거기에 대입시켜 보면 답을 얻을 수도 있을 것이다.

첫 번째. "잠깐만, 속도의 충돌, 마케팅의 정의가 뭐라고요?"

두 번째. "나는 부자들의 사업, 부의 자원, 가난의 정의, 경제의 개념, 사업의 정의가 궁금한데요?"

세 번째. "우리가 적어도 생산요소의 변화, 유통의 변화, 소비의 변화, Trend의 변화에 대한 학습은 할 수 있지 않을까요?"

네 번째. "내가 가계경제 사이클의 위험구간을 어떻게 도울까요?"

다섯 번째. "수입의 속성, 무엇이 가장 중요한가요?"

다섯 번째 질문과 관련하여 답을 찾고자 한다면 사이먼 사이넥의 저서『나는 왜 이 일을 하는가』, 댄 폰테프랙트의 저서『목적의 힘』이 도움이 될 것이며, 경영에 관심이 있다면 엘리 골드렛,제프콕스의 저서『The Goal 당신의 목표는 무엇인가?』가 도움이 될 것이다.

질문은 인생을 바꾸기를 원할 때도, 그리고 원하는 것을 이끌어 내길 원할 때도 필요하다.

이와 관련하여 존 맥스웰의 저서『인생의 중요한 순간에 다시 물어야 할 것들』, 제임스 파일, 메리엔 커린치 공저『질문의 힘』을 읽어 보면 많은 도움이 될 것이다.

정보가 공유되는 오늘날에는 해답을 찾기보다는 좋은 질문을 하는 것이 문제를 해결하는 지름길이다. 또한 모든 커뮤니케이션은 질문으로 시작되기 때문에 좋은 질문은 좋은 관계를 만드는데 도움이 된다고 성공한 이들은 말한다.

CHAPTER

시간경영

시간대 설정을 어떻게 할 것인가?

시간의 사전적 의미는 1) 과거, 현재, 미래로 이어져 머무름 없이 일정한 빠르기로 무한히 연속되는 흐름 2) 현시점에서 다른 시점까지의 사이 3) 특정한 일을 위해 따로 지정해 놓은 때라고 정의한다.

그리고 공간의 의미는 1) 아무것도 없는 빈 곳 2) 앞뒤, 좌우, 위아래의 모든 방향으로 널리 퍼져 있는 입체적 범위 3) 시간과 함께 세계를 성립시키는 기본 형식으로 정의한다.

시간은 머릿속에 존재하는 정신세계의 것으로, 시간이 다가오는 것을 우리는 감각기관인 눈, 코, 귀, 입, 피부를 통해서는 인식할 수가 없다. 우리에게 공간을 측정하는 감각기관이 없듯이 시간을 측정하는 감각기관도 없다.

그러나 시간과 공간이 만들어놓은 여러 가지 현상이나 형상이 있고, 마음을 포함한 여러 감각기관과 기억을 동원하면 인식할 수가 있는 것이 시간이고 공간이므로 눈, 코, 귀, 입, 피부, 마음(정신)이라는 6가지 감각기관이 예민하게 작용하도록 설정할 필요가 있다.

이러한 설정은 우리가 "시간은 돈이다."라고 표현하듯이 시간은 공간, 지식과 더불어 생산요소인 자원이라는 것을 인식하기 위해서 꼭 필요하다. 그리고 자원은 도구를 사용하여 용도나 역할에 맞게 변형시켜야 생산물, 즉 부(富)를 만들어 낼 수가 있다.

흐름을 멈출 수 없는 특성을 가진 시간을 변형시키는 도구는 나 자신, 즉 자아(自我)이다. 때문에 이 시스템이 최적의 상태로 작동되도록 나 자신을 설정해야 하며, 그것의 기준은 미래일 수밖에 없다.

표 7-1 시간관리 매트릭스

구분	긴급함	긴급하지 않음
중요함	I. 활동 · 위기 · 급박한 문제 · 자녀교육 · 기간이 정해진 프로젝트	II. 활동 · 예방, 생산능력 활동 · 인간관계 구축 · 새로운 기회 발굴 · 자기계발 · 삶에 대한 목적 활동
중요하지 않음	III. 활동 · 작업의 흐름을 방해하는 사소한 일 · 일부 전화, 우편물, 보고서 · 일부 회의 · 눈앞의 급박한 상황 · 인기 있는 활동 · 거절할 수 있는 부탁	IV. 활동 · 바쁜 일, 하찮은 일 · 일부 우편물 · 일부 전화 · 시간 낭비거리 · 오락

표 7-1은 스티븐 코비의 〈시간관리 매트릭스〉다. '재미'라는 인간의 본능을 자극하는 오락과 비생산적인 취미활동이 포함된 4분면(IV활동)의 시간을 포기하지 않으면 시간투자는 할 수 없으며, 미래를 위한 생산적인 활동인 2분면(II활동)에 시간을 투자해야만 성장할 수 있고 의미 있는 삶을 살 수 있는 기회를 가질 수 있다.

하루(24시간)라는 자원은 유일하게 평등하지 않은 세상에서 모든 사람에게 평등하게 주어진 자원이다. 만약 우리가 환경과 삶이 공평하지 않다고 느낀다면 시간자원을 잘 가공하고 활용하여야 하며, 미래에 기준을 두고 현재시간을 어떻게 경영하고 어떻게 투자하느냐에 따라서 우리의 삶은 결정될 것이다.

나는 시간활용에 대한 교훈을 어릴 때 터득하였다. 시골서 초등학교를 마치고 광주의 경쟁률이 제법 센 중학교 입학시험에 합격을 하였지만 가정형편으로 진학을 못하고 농사일을 돕다가 1년 후배들과 함께 시골의 중학교를 다녔다.

2학년 가을학기로 기억한다. 중간시험을 보았는데 중위권의 친구 몇몇의 성적이 나보다 좋았다. "쟤들 커닝했나!"라는 생각을 하였는데, 나중에 알고 보니 나는 여름방학 때 정신없이 놀았는데 그들은 광주에서 학원을 다녔던 것이다.

그 후 내가 놀 때 남들은 공부한다는 사실을 마음에 두고 승선 생활을 할 때 휴가를 받거나 병역문제로 출국이 지연될 때면 학원을 다니며 영어도 배우고 일어도 배웠는데 일하면서 많은 도움이 되었다.

카센터 자영업을 하면서도 틈틈이 공부하여 공인중개사 시험에 합격했고 그로 인해서 중개업이라는 또 다른 직업을 가질 수가 있었다.

시간을 활용함에 있어서 몸 안의 시계(바이오리듬)는 사람마다 유형이 다르므로 최적의 타이밍을 찾아 일하기를 원한다면 마이클 브레우스의 저서 『시간의 심리학』을 참고하면 도움이 될 것이다.

시간대(TIME SPECTRUM)

우리는 '시간이 간다'라고 흔히 표현한다. 여기서 많은 사람이 오해를 하고 있는 듯하다. 시간은 가는 것이 아니라 나를 향해 다가오는

꿈꾸는 소비

것이다. 구태여 간다고 표현을 하려면 '나와 부딪히고 지나간다'라고 표현해야 옳을 것이다.

가는 것은 내버려두면 되지만, 우리를 향해 다가오는 많은 종류의 행복과 불행, 그리고 갖가지 현상을 동반한 시간은 언젠가는 우리와 부딪히기 때문에 준비하고 맞이하여야 한다.

우리가 시간의 강물 속에 서 있다고 상상해 보면, 시간은 가는 것이 아니라 다가오고 있는 것이라는 것을 이해할 수가 있다. 강물은 원천에서 시작하여 상류에서 하류로 흐른다. 시간도 분명히 원천이라는 시작점이 있을 것이고, 상류라는 기준점이 있다.

흐름이 시작된 원천은 모를지라도 강의 상류를 바라보면 강물이 갖가지 사물과 현상과 함께 나를 향해서 다가오는 것을 볼 수 있고, 나를 스치거나 부딪고 하류로 흘러가는 것을 볼 수가 있다.

시간의 강에서 상류를 바라보는 것이 미래이고, 나를 스치거나 부딪고 지나가는 순간이 현재이며, 하류를 바라보는 것은 과거를 뒤돌아보는 것이다.

어떤 장애물이 강물과 함께 다가올지 모른다. 시간의 강을 항해하는 우리의 인생이 항상 행복한 것도, 항상 불행한 것도 아닐 것이므로 행복과 불행에 대한 대비를 하여야 한다. 준비하지 않고 맞이하는 불행은 그 충격이 클 것이다.

우리는 너울을 타고 파도를 부수며 대양을 항해하는 상선(商船)이나, 남극의 얼음을 부수는 쇄빙선의 선수(船首)같이 용도에 맞게 우리의 인생을 설계할 필요가 있다.

표 7-2 타임 스펙트럼

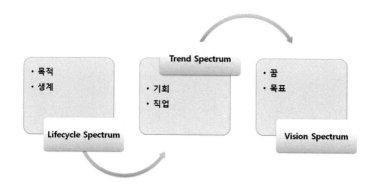

여기서 표현하는 타임 스펙트럼이란 시간이 가져올 삶과 관련이 있는 다양한 일들의 연속체를 의미한다.

우리가 항상 직시하고 맞이하여야 하는 표 7-2의 3가지 시간대는 경제적 자립이 없이는 개인의 자유를 수호하는 것도, 자유를 추구하는 것도, 자유를 보존하는 것도 어렵기 때문에 선한 직업을 찾아 자립하는 것을 최우선으로 설정하여야 한다. 일에 치어 살다 보면 자신의 권리도 지키기 어렵다.

라이프사이클

표 7-3 Lifecycle 개요

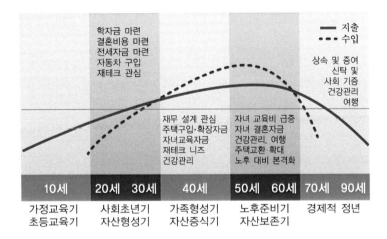

라이프사이클(Lifecycle)은 의식의 흐름이 시작되는 출생부터 의식의 흐름이 멈추거나 이전되는 사망까지의 인생 100년을 설계하는 시간대이다.

현실을 파악하여 선한 생계수단을 찾는 것이 우선이지만, 일과 병행하여 가치관을 세우고 그저 행복한 삶보다는 기여하는 삶과 의미 있는 삶을 목표로 설정할 때 인생 전반에 걸쳐 지속적인 행복을 추구할 수 있을 것이다.

먼 훗날의 일이라고 생각하여 오직 생계만을 목표로 인생을 설계한다면 은퇴 후의 삶이 많이 무료해진다는 것을 주위를 관찰해 보면 금방 알 수 있다.

공인중개업을 할 때 경험한 것으로, 한 시간이고 두 시간이고 함께 놀아주기를 바라며 사무실에 죽치고 앉아 있는 노인들이 간혹 있었다. 처음에는 이런저런 얘기를 나누기도 했지만 나중에는 내 시간을 효율적으로 쓰기 위해서 "저는 서류작업 할 것이 있으니 커피 한 잔 드시며 신문을 보시라."고 하며 자리를 피할 수밖에 없었다.

시간이 자본인 시대에서, 한정된 자본을 낭비하지 않기 위해서는 모든 일을 준비하거나 시작할 때 분명한 이유와 목적이 있어야 한다. 목적과 이유가 없으면 "남의 떡이 더 커 보인다."는 속담처럼 상대적으로 '좋아 보이는 일'을 찾느라 시작한 일을 지속하기 어려울 뿐 아니라, 그 일을 하면서도 보람과 행복을 느끼지 못한다.

사이먼 사이넥의 저서『나는 왜 이 일을 하는가』, 그리고 댄 폰테 프랙트 저서『목적의 힘』을 읽어보면 이와 관련하여 공감하는 부분이 많을 것이다.

우리는 게리 켈러와 제이 파파산이『원씽(The one thing)』에서 말하는 "우리가 할 수 있는 단 하나의 일, 그것을 함으로써 다른 모든 일들을 쉽게, 혹은 필요 없게 만들 바로 그 일."을 찾아야 한다.

산업시대의 라이프사이클 타임은 수백 년에 걸쳐 변화가 거의 없었지만, 4차 산업혁명의 연결시대를 살고 있는 지금의 청년들에게는 이 시대가 최악의 시대임과 동시에 최고의 기회일 수가 있다.

청년들이 사회에 진출하기 위한 교육에 걸리는 시간은 늘어난 반면에 수입을 얻을 수 있는 시간은 짧아졌고, 결혼 연령이 늦어짐에 따라 퇴직하기 전에 자녀교육을 마무리할 수 없으며, 기대수명은 길어져서 수입과 지출의 균형을 맞추기 어렵다. 결국 생존에 집중하다가 목적을 찾지도 못하는 경우가 다반사이며, 이 경우야말로 최악이라고 할 수 있다.

그러나 시대가 바뀔 때마다 일어나는 커다란 변화는 기회를 동반하므로 알아차리고 준비하는 청년들에게는 연결시대가 최고의 창업기회가 될 수도 있다.

트렌드 스펙트럼

트렌드스펙트럼(Trend Spectrum)은 선한 수입을 얻기 위한 삶의 수단과 기회를 찾는 시간대이다. TREND는 거스르기 어려운 흐름이다. 내가 원해서가 아니라 세상이 그렇게 흘러간다는 것이다.

스위스 다보스에서 매년 열리는 세계 경제인포럼을 일명 "다보스포럼"이라고 한다. 그 포럼에서는 지구의 환경과 경제와 기타 세계적으로 관심을 가져야 할 문제에 대하여 현실점검을 하고 대책을 마련하기 위하여 정치·경제 분야 최고의 CEO들이 모여 상호 간에 의견을 주고받으며 해결책을 모색한다.

표 7-4 21C 트렌드

21C Trend(트랜드)			
양극화	구조적 실업	Well-Being 〈복지〉	수평연결

2012년 이후 그곳에서 언급된 주제들이 주로 우리가 느끼는 것으로 표 7-4와 같다. 이 모든 것은 우리에게만 있는 현상이 아니고, 선진화된 여러 나라에서 발생하고 있다. 표 7-4를 숙고해 보면 우리가

적응할 수 없는 분야와 적응할 수 있는 분야가 있음을 알 수 있을 것이다.

양극화와 구조적 실업은 우리에게 우호적인 상황이 아니지만, 수평연결과 Well-Being(복지)은 우호적인 상황으로 어떻게 적응하느냐에 따라서 창업을 하거나 직업을 가질 기회가 있다.

평생직장의 붕괴로 시대가 창업을 요구할 때는 트랜드를 고려하여야 한다. 수평연결은 소비자 파워를 강화하는 네트워크 분야에서 창업이 가능하고, Well-Being은 초고령화 시대와 맞물려 건강과 미용, 오락, 치유, 그리고 복지, 후생분야의 사업을 할 수도 있을 것이다.

우리가 트랜드를 주시하면 지경을 넓히고 도약할 수 있는 직업의 선택과 창업의 기회를 잡을 수 있으며, 생계와 관련하여 다가올 위험에 대처할 수가 있다.

시대가 변화하면 생산요소와 수단이 달라져서 새로운 프리미엄 직업군이 생겨나고, 구시대의 선호 직업이 소멸하는 현상이 발생한다. 그리고 트랜드는 변화하기 때문에 편견을 가져서는 기회를 잡을 수가 없다.

눈으로 보는 것은 보여지는 것이며, 빛에 의하여 굴절되고 왜곡된 현상이므로 보는 것보다 이해하여 아는 것이 중요하다.

아마존, 트위터, 페이스북, 유튜브, 다음, 네이버, 카카오톡, 알라바마, 우버, 에어비엔비 등 무수히 많은 회사들이 이러한 트랜드에 편승하여 생겨나고 성장한 회사들이다.

기존의 산업시대 회사가 100여 년에 걸쳐서 이룩한 성장을 새로운 물결에 편승한 이러한 회사들은 10여 년도 지나지 않아서 쫓아왔고, 속속 기존의 대기업을 추월하고 있다.

표 7-5 21C 신드롬

21C Syndrome(신드롬)			
상대적 빈곤감	평생직장 붕괴	초고령화 시대	네트워크화

신드롬이란 어떤 공통성이 있는 일련의 병적 징후를 총괄적으로 나타내는 말로, 증후군이라고도 한다. 이것은 변화의 부작용으로 21세기 Trend인 양극화, 구조적 실업, Well-Being, 수평연결에서 기인한다.

21세기 신드롬은 상대적 빈곤감, 평생직장의 붕괴, 초고령화, 네트워크화로 대표되며 모든 근로자, 자영업자, 심지어 전문자영업자인 의사, 변호사, 회계사, 그리고 "철밥통"이라고 하는 공무원마저도 불확실한 미래를 보여주고 있다.

표 7-6 트렌드와 신드롬의 관계 요약

Trend〈트랜드〉	양극화	구조적 실업	Well-Being〈복지〉	수평연결
Syndrome〈신드롬〉	상대적 빈곤감	평생직장 붕괴	초고령화 사회	네트워크화
발생현상	빈부격차 심화 불평등 자본소득 > 노동소득	고용불안 창업 경쟁심화 노동의 종말 자동화 로봇 컴퓨터 인공지능〈AI〉	노후 건강 미용 환경 유전공학 생명공학	평등 상생 협력 공유 연결 융합 사물인터넷〈IOT〉

구조적 실업, 즉 기술혁신으로 인한 실업과 더불어 상대적 빈곤감은 프랑스의 경제학자 토마 피케티가 저서 『21세기 자본』에서 주장하는 노동소득의 불평등과 자본소득의 불평등, 그리고 "자본소득은 노동소득보다 항상 우위에 있다."는 것에서 알 수 있다. 이를 사람들은 "피케티 신드롬"이라고도 한다.

비전 스펙트럼

비전 스펙트럼(Vision Spectrum)은 생명력인 긍정성을 가지고 목표와 꿈을 이루는 시간대이다. 비전은 자신을 바라보는 시각이고 자신의 미래다. 한 번도 본 적이 없는 것을 익숙한 것처럼 바라봐야 하는 것이 비전이다.

꿈은 기다리는 것이 아니라 다가가서 만나는 것이다.

"생생한 꿈은 현실이 된다."

목표를 글로 쓰고, 그림으로 그리고, 사진이나 동영상으로 찍어서 보고, 꿈이 있는 장소를 찾아가서 보고, 성공한 사람을 만나보는 것은 꿈을 더욱 선명하게 비전화시키는 것이다. 이처럼 꿈은 가까이 두고 보아야 한다.

표 7-7 꿈 성취 방법

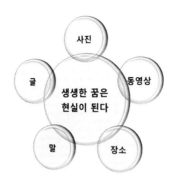

"백문이 불여일견(不如一見)"이란 속담이 있다. 보는 것을 신뢰한다는 의미이다. 그러나 오늘날은 '백견이 불여일행(不如一行)이다.' 말이 더 마음에 와닿는다.

인간이 살아갈 의욕과 흥미를 부여하는 신경전달물질 중 하나인 도파민은 우리가 목표를 생생하게 보거나 상상할 때 몸이 반응을 하고 분비되며, 목표에 점점 다가갈수록 더 많이 분비된다고 한다.

이것을 "발전을 위한 인센티브"라고 부르기도 하며, 목표를 향해 더 많이 뛸수록 몸과 마음은 힘들어하고 고통이 따르는데, 이 고통을 줄여주기 위하여 우리 몸은 또 다른 화학물질인 엔도르핀을 분비한다고 한다.

흔히 "러너스 하이"라고 부르는 이것은 30분 이상 규칙적으로 힘든 운동을 하는 사람이 느끼는 행복감과 같다고 알려져 있다.

성취욕구를 자극하는 도파민과 심한 스트레스를 이겨내는 엔도르핀은 인간의 생존을 위하여 조물주가 준 선물로, 사냥을 하는 원시인에게도 필요했고, 목표를 추구하는 현대인에게도 필요한 호르몬이다.

되고 싶고, 갖고 싶고, 하고 싶은 꿈을 구체적으로 세분화하여 생생하게 비전 스펙트럼을 만드는 이유는, 과정이 힘들고 어려워도 이두 가지 화학물질의 도움을 통해 행복한 마음으로 포기하지 않고 성공하기 위해서다.

나는 거북이와 토끼의 우화에서 느림보 거북이가 이긴 것은 토끼가 낮잠을 잤기 때문이 아니라고 생각한다. 거북이는 생생한 목표를 보고 나아갔고, 토끼는 느린 거북이를 보고 나아갔기 때문이다.

많은 이들이 "성공의 비밀은 성공하기 전에 성공한 본인의 모습을 미리 보는 능력"이라고 한다.

Trend와 Vision 스펙트럼은 라이프사이클에 큰 영향을 미치므로 절대로 간과해서는 안 된다. Trend를 모르면 변화에 대응하지 못하고, 비전이 없으면 원하는 곳에 도달할 수가 없다.

미래학자

우리는 시대를 통찰하고 미래를 예측하는 지식인들과 학자들의 도움으로 시대의 변화와 흐름을 읽는 안목을 키워나가고, 적응하며, 아이디어를 얻고, 공유하고, 기회를 잡기도 한다.

앨빈 토플러는 10년마다 책을 발간하며 시대를 예측하여 미래학자로 불린다. 1970년 저서 『미래의 충격』은 조직을 '메가'라는 개념으로 볼 때, '마이크로'인 개인의 역량이 강화될 것임을 예측했다.

그리고 1980년 저서 『제3의 물결』에서는 소비자가 생산과 유통에 참여하는 세력을 '프로슈머'로 지칭하며 프로슈머, 즉 "제3세력인 프로슈머의 물결이 거대하게 밀려온다."고 주장하였다.

1990년 『권력이동』에서는 "메가트랜드의 권력이 마이크로트렌드로 이동한다."고 하며 그 구체적인 활동, 즉 '프로슈밍'에 대하여 2006년 저서 『부의 미래』 6부에서 밝히고 있다.

오늘날의 경제는 두 가지 유형인 보이는 화폐경제와 무형인 보이지 않는 비 화폐경제가 있으며, 보이지 않는 부(富)인 프로슈머 경제가 없다면 보이는 부인 화폐경제의 50조 달러는 단 10분도 존재하지 못한다고 앨빈 토플러는 주장한다.

제러미 리프킨은 저서 『한계비용 제로사회』에서 커뮤니케이션 인터넷과 에너지 인터넷과 물류인터넷이 통합되어 통합·공유형 사물인터넷이 확립되면 한계비용 제로의 공유경제 시대가 온다고 말한다.

노벨상을 수상한 앨빈 E. 로스는 저서 『매칭』에서 가격이 아닌 다른 기준으로 누가 무엇을 가질 것인가가 결정되는 시장에서 좋은 Matching으로 우리가 얻을 수 있는 혁신적인 기회가 무엇인지에 대하여 말하고 있다.

Matching이란, 살아가면서 선택하고 또 선택해야 하는 많은 것들을 얻는 방법에 관한 경제전문용어다. Matching 시장에서는 가격에 대한 합의만으로는 거래가 성립되지 않는다. 돈이 있어도 아무것도 선택할 수가 없는 경우가 있으며, 결혼, 직장, 학교 등 삶에 중요한 사건들이 이 시장에서 결정된다고 한다.

이 시장의 의미를 달리 표현하면 청약(請約)과 승낙(承諾)의 시장이다. 표 7-8의 체크리스트를 통하여 나의 매칭 상태는 어떠한지 살펴보는 것도 도움이 될 것이다.

표 7-8 Matching Check List

항목	내용						비고
나이	20대	30대	40대	50대	60대	70대	
위치	안전지대			안락지대			
직업	직장인	자영업		사업가		투자가	
수입	임시수입	노동수입		자산수입		권리수입	
시대	농경시대	산업시대		지식정보시대	융합시대	연결시대	
생활	반응하는 삶	수동적인 삶		행동하는 삶		능동적인 삶	
소비	가격우선 플랫폼		가치우선 플랫폼		상호작용 플랫폼		
비전	있다	없다		생생하다		희미하다	
사회	경쟁사회		협력사회		상호작용사회		
연결	생산	소비		협력		상호작용	
노후	안정적			유동적			

나의 청약에 시대가 승낙할 수 없다거나 시대의 청약에 내가 승낙할 수 없다면 거래는 이루어지지 않기 때문에 거래를 성사시키기 위한 요소가 무엇인지 찾아야 한다.

세스 고딘은 저서 『이카루스 이야기』에서 안전지대(safety zone)는 비즈니스가 우호적인 환경에서 순조롭게 굴러가는 영역을 말하며, 생활이나 조직에도 적용할 수 있는 개념으로 정치, 경제, 사회, 기술적 요인, 트렌드 등이 외부환경에 영향을 받으며, 외부환경이 변화하면 당연히 안전지대도 이동한다고 했다.

그리고 안락지대(comfort zone)는 내적으로 편안하게 느끼는 영역을 말하며, 안락지대 안에 머물 때는 기분이 느긋해지고 긴장감 없이 일하 거나 생활할 수 있고, 그 안에서는 실패의 두려움도 크지 않다고 말하는데, 그 이유는 오랜 시간에 걸쳐 자신에게 익숙해진 영역이라 습관적으로 행동한 탓이라 했다.

그는 안전지대가 이동한 만큼 안락지대도 확인해보라고 했다. 약사, 교사, 기업 이사, 교수, 회계사, 변호사 등 기존에 안전하다고 확신했던 직업이 이제 더는 안전하지 않다는 것이다. 계속 유효할 것으로 생각하고, 그것들을 붙들고자 하지만 새로운 변화의 흐름에 저항해 봤자 얼마 버티지 못한다고 했다.

산업시대는 안전지대와 안락지대가 오랫동안 일치했다. 그러나 시대가 바뀌면 안전지대도 그에 맞게 이동한다. 그 이유는 생산요소는 시대에 따라서 바뀌며, 생산요소가 바뀌면 생산수단인 직업이 바뀌기 때문이다. 이제 산업시대의 직업은 우리를 보호하지 못함을 알아야 한다.

"언제 나아가고 언제 물러설지를 배우며 안락지대와 안전지대를 조율해가는 과정이 인생이며, 두려움 없이 새로운 길을 가라."고 말하는 세스 고딘의 『이카루스 이야기』를 읽어보고, 표 7-8을 체크해보면, 우리가 얼마나 많이 안전지대를 벗어나 있는지 가늠해 볼 수 있을 것이다.

아무리 좋은 시계도 오차는 있고, 허술한 시계일수록 오차는 크기 마련이다. 나의 시간대가 오래전에 설정되었다면 현재의 시간대와 맞는지 확인하고 수정하여야 한다.

영국의 그리니치 천문대를 지나는 경도 영(0)도의 그리니치 자오선을 기준으로 한 세계 표준시는 세계의 모든 지방시와 관측에 쓰는 표준시의 기본이 된다. 우리나라 표준시와는 9시간 차이가 있다. 우리의 시대를 읽는 시계는 어디에 맞춰져 있는지, 확인이 필요하다.

2018년 4월 27일, 역사적인 남북정상회담이 있었고, 북한의 김정은 위원장은 서울 표준시보다 30분 늦는 평양 표준시를 서울 표준시에 맞췄다. 이것의 의미는 단순한 시간의 통일이 아니라 생존을 위해 시대에 맞게 변화하겠다는 행동일 것이다.

CHAPTER

08

자기계발

자기계발서는 무엇을 주장하고 있는가?

자기계발이란 "잠재하는 자기의 슬기나 재능, 사상 따위를 일깨워 줌"이라고 정의하며, 자기계발서는 자립능력에 관한 것, 사회생활을 잘하기 위한 관계능력에 관한 것, 듣기, 말하기, 공감하기, 설득하기, 질문하기, 쓰기 등 언어능력에 관한 것, 꿈, 통찰, 창의력 등 사고능력에 관한 것, 시간, 공간, 자연 등 도구를 사용하는 능력에 관한 것 그리고 평화와 사랑과 친절을 표현하는 웃음능력에 관한 주제가 대부분이다.

표 8-1 인간이 추구하는 능력

표 8-1에서 연상되는 것은 무엇인가? 자립(직립)능력, 관계능력, 언어능력, 사고능력, 웃는 능력이란 단어를 조합해서 연상되는 단어는

인간과 사람이므로, 우리가 자기계발에 관심이 있다면 우선 인간과 사람의 사전적 의미부터 살펴볼 필요가 있다.

표 8-2 용어의 정의

인간과 사람의 의미	
인간	생각을 하고 언어를 사용하며, 도구를 만들어 쓰고 사회를 이루어 사는 동물 사람이 사는 세상 일정한 자격이나 품격을 갖춘 이
	직립 보행을 하며, 사고와 언어능력을 바탕으로 문명과 사회를 이루고 사는 고등 동물 사람의 됨됨이 사람의 모습은 하고 있으되 사람답지 못하다는 뜻으로, 특정한 사람을 멸시하여 이르는 말
사람	생각을 하고 언어를 사용하며, 도구를 만들어 쓰고, 사회를 이루어 사는 동물 어떤 지역이나 시기에 태어나거나 살고 있거나 살았던 자 일정한 자격이나 품격 등을 갖춘 이
	두 발로 서서 다니고, 언어와 도구를 사용하며, 문화를 향유하고, 생각과 웃음을 가진 동물 지역이나 단체를 나타내는 명사 뒤에 쓰여, 그 지역이나 단체 출신임을 나타내는 말 인간의 됨됨이나 성질

인간과 사람에 대하여 표 8-2처럼 정의하는 것을 보면 자기계발서가 주장하고 있는 것은 겉만 인간이 아니라 진정한 인간이 되도록 가르치기 위한 것으로 "제발 사람 좀 돼라!"고 외치고 있다고 생각한다.

표 8-3 인간에게 따라 붙는 말들

인간의 다양성으로 인하여 사람에게 따라붙는 말들 또한 표 8-3처럼 다양하므로 우리는 진정한 인간이 되는 법을 배워나가야 한다.

자기계발은 인간과 사람의 사전적 의미가 무엇인지, 인간에게 따라붙는 말들이 왜 그렇게 많은지를 깊이 있게 생각하고 스스로 결핍을 느낄 때 시작된다고 할 수 있다. 나는 이것을 깊이 생각하면 할수록 온전한 사람이 되는 것이 쉽지 않다는 것을 느끼곤 한다.

표 8-4 자립요건

내용	
통찰하기	경제, 생산요소, 시대의 변화 등
활용하기	지식, 정보, 경험, 시간 공간 등 〈생산도구〉
인식하기	다양성, 존엄성, 무한가치, 잠재능력, 꿈, 자유의지 〈품성〉
계발하기	사고능력, 언어능력, 관계능력, 웃음능력, 연결능력, 공유능력 등

표 8-4의 통찰하기, 활용하기, 인식하기, 계발하기는 우리가 자립을 하기 위해서 갖추어야 할 내용이다. 이렇게 많은 '하기' 중에서 몇몇만 하면 우리는 자립할 수가 있기 때문에 자립이 결코 어려운 것은 아니다.

그리고 누구나 자립할 수 있다는 근거도 성경에서 찾아볼 수 있다. 창세기 3장 19절의 의미를 생각해보면 그 능력은 이미 주어졌고, 그 능력을 사용하는 건 땀을 흘릴 자유의지가 있느냐 없느냐에 달려있을 뿐이다. 또한 죽을 때까지 수고를 해야 하니 늙어서도 살 수 있는 수단을 강구하라는 것이다.

창세기 3장 19절

By the sweat of your brow you will eat your food until you return to the ground, since from it you were taken; for dust you are and to dust you will return.

네가 흙으로 돌아갈 때까지 얼굴에 땀을 흘려야 먹을 것을 먹으리니 네가 그것에서 취함을 입었음이라 너는 흙이니 흙으로 돌아갈 것이니라 하시니라

사고능력의 기반이 되는 우리의 생각은 과거, 현재, 미래를 넘나들기 때문에 과거나 현재, 미래의 부정성보다는 긍정성에 초점을 맞춰야 한다.

누적된 습관이 지각에 많은 영향을 주기에 들은 지식보다는 이해한 지식, 그리고 경험한 지식을 근간으로 사고하고 판단하여야 한다. 인간은 보편적으로 가치를 이성적으로 판단하는 능력이 결여되어 있다고 한다.

찰스 두히그는 저서 『습관의 힘』에서 어떤 것에 대한 열망이 반복적인 행동을 하게 하고 보상이 주어지기 때문에 습관이 형성된다고 한다.

습관의 고리라고 일컫는 이것은 좋은 습관과 나쁜 습관에 똑같이 적용되기 때문에 패턴을 심어주지 않도록 변화를 유도해야 한다.

우리 인간이 최초로 자유의지를 표현한 것은 에덴동산에서 이브와 아담이 선악과를 따먹는 행동일 것이다. 이를 근거로 생각해 보면 우리는 사고능력도 타고난 것이다.

1. Now the serpent was more craft than any of the wild animals the LORD God had made. He said to the woman, "Did God really say, 'You must not eat from any tree in the garden?'

그런데 뱀은 여호와 하나님이 지으신 들짐승 중에 가장 간교하니라 뱀이 여자에게 물어 이르되 하나님이 참으로 너희에게 동산 모든 나무의 열매를 먹지 말라 하시더냐

2. The woman said to the serpent, "We may eat fruit from the trees in the garden,

여자가 뱀에게 말하되 동산 나무의 열매를 우리가 먹을 수 있으나

3. But God did say, 'You must not eat fruit from the tree that is in the middle of the garden, and you must not touch it, or you will die.'

동산 중앙에 있는 나무의 열매는 하나님의 말씀에 너희는 먹지도 말고 만지지도 말라 너희가 죽을까 하노라 하셨느니라.

4. "You will not surely die," the serpent said to the woman.

뱀이 여자에게 이르되 너희가 결코 죽지 아니하리라.

5. "For God knows that when you eat of it, your eyes will be opened, and you will be like God, knowing good and evil."

너희가 그것을 먹는 날에는 너희 눈이 밝아져 하나님과 같이 되어 선악을 알 줄 하나님이 아심이니라.

창세기 3장 1~5절을 참조하면 사탄인 뱀의 언어능력이 매우 탁월함을 알 수 있다. 최초로 사람을 설득한 기법이기 때문에 설득의 고

전이라는 생각도 든다.

현재도 이러한 설득기법을 사용하고 있다. 긍정의 답을 유도하는 질문으로 긍정의 목적을 달성하고, 부정의 대답을 유도하여 부정의 목적을 달성하는 기법이다.

우선 사탄은 '선악과나무'인 줄 알면서도 '모든 나무'라고 하며 '아니다'라는 답을 유도해 낸다. 그리고 '절대 아니다'라는 말로 '아니다'를 강조하고, '하나님 같이'란 매혹적인 미끼를 던져 설득한다.

유발 하라리는 그의 저서 『호모사피엔스』에서 호모사피엔스가 세상을 정복한 것은 다른 무엇보다도 우리에게만 있는 고유한 언어 덕분이라고 한다. 언어는 그만큼 우리의 삶에 있어서 매우 중요하다.

우리는 마음에 있는 말을 하는 것이지 없는 말을 하는 것이 아니다. 우리가 선한 마음을 갖지 않으면 감각기관이 보내는 감각을 마음은 다르게 해석할 수 있으므로, 내가 해야 할 말이 객관적이고 사실적인지 아니면 주관적이고 추상적인지 다소 시간을 갖고 생각해 봐야 오해할 만한 말을 하지 않는다. "언어는 사람의 마음을 여닫는 무기다."라고 말한다.

우리의 두뇌는 정확성이 아닌 효율성을 지향하기 때문에 일부러 생각하지 않으면 우리가 습관에 따라서 행동하도록 내버려 둔다고 한다. 그렇기에 언어를 순화하고 정화하는 습관도 길러야 한다.

나의 언어능력에 있어서 말하기는 거의 장애 수준이다. 왜냐하면 말을 할 때 입이 튀어나오고, 퉁명스럽고, 조용히 말하지 못하고 억양이 높아지기 때문이다. 이러한 습관은 누적이 되어서 사소한 일에도 이성적으로 대처하기보다는 감정 섞인 목소리로 말을 하게 된다.

지구의 온난화 문제를 다룬 영화 「투모로우(The Day After Tomor-row, 2004)」에 나오는 장면이다. 학교대항퀴즈대회에 참석하기 위해 비행기를 타고 가던 중에 난기류를 만나 비행기가 심하게 요동친다.

옆자리에 앉은 겁 많은 남자친구가 여자친구의 손을 자기도 모르게 꽉 잡았다. 한바탕 소란이 끝난 후 아픔을 참고 있던 여자친구가 웃으며 "내 손 좀 놓아 줄래?"라고 말한다.

나는 외국영화를 볼 때마다 상대를 배려하는 그들의 매력적인 대화에 감명을 받지만 내가 그렇게 하지 못한 것에 대하여 자책을 하며 습관의 중요성을 조금이나마 깨닫곤 한다.

표 8-5 공감대화

공감을 위한 대화			
이해해 응원할게 무슨 말인지 알아	맞아 물론이지 그렇고말고	헐 정말 아, 그래 설마 그럴 리가	아쉽지 속상하지 그게 당신 탓은 아니죠

대화를 못하는 사람일수록 마치 드라마를 촬영하는 배우처럼 감정에 푹 빠지고 과도한 제스처까지 한다. 말을 할 때 감정에 치우쳐 제스처를 사용하는 것보다는 들을 때 감정을 표현하고 제스처를 사용하는 게 차라리 낫다.

공감능력이 뛰어난 사람들은 표 8-5의 대화를 많이 사용한다는 것을 발견할 수 있다. 언어능력의 기본은 경청하고 공감하는 것이다. 말하는 것만이 언어능력이 아니라 듣기와 쓰기도 언어능력이다.

그리고 말하기와 듣기는 입과 귀로만 하는 것이 아니라 몸 전체로 한다는 사실도 잊지 말아야 한다.

창세기 2장 23절을 보면 우리의 언어능력 중 '말하기'는 타고났다는 생각이 든다. 타고난 소질을 계발하는 것도 바람직하지만 균형이 중요하기 때문에 언어능력의 또 다른 하나인 '듣기'도 잘 배워야 한다.

<u>창세기 2장 23절</u>

The man said, "This is now bone of my bones and flesh of my flesh; she shall be called 'woman, ' for she was taken out of man."

아담이 이르되 이는 내 뼈 중의 뼈요, 살 중의 살이라 이것을 남자에게서 취하였은즉 여자라 부르리라 하니라.

두 남녀가 있다. 서로 다른 행성에서 왔기 때문에 말은 통하지 않고, 문화는 다르다. "화성에서 온 남자와 금성에서 온 여자"다. 이들이 데이트를 하고 결혼을 할 수 있는 것은 '서로 다르다'는 차이점을 인정하고, 듣기 위해서 더 집중했기 때문일 것이다.

존 그레이는 저서 『화성에서 온 남자 금성에서 온 여자』라는 연애의 지침서를 썼다. 남녀 간 생각의 차이가 서로 다른 행성에서 온 사람처럼 다르다는 것이다. 남자와 여자는 서로를 이해하려고 하는 것보다는 '생각에 차이가 있다'는 사실을 기억하는 것이 차라리 낫다고 본다.

우리는 무슨 말인지 안다는 생각 때문에 상대방의 말을 더 듣지 않는다. 같은 언어를 쓴다는 이유로 상대방의 말이 끝나기도 전에 예단하여 결론짓고 자기 말을 하기 시작한다. 하지만 상대방이 말하는 의도와 목적을 조금이라도 이해하려면 끝까지 말하게 내버려

두어야 한다.

소통을 위해서 꼭 필요한 지식이 있다. 그것은 전문지식이 아니라 기초교양이다. 채사장의 저서『지적 대화를 위한 넓고 얕은 지식』은 제목 그대로 대화를 편하고 즐겁게 해줄 최소한의 교양을 쌓는데 도움을 준다.

요즘은 SNS활동으로 인하여 불특정 다수와 글로 소통하는 경우가 많아졌기 때문에 쓰기능력도 어느 때보다 중요하게 요구된다. 우리는 제한된 단어로 의사표현을 하면서 오해를 일으킬 수도 있고, 역지사지(易地思之)하지 않고 글을 씀으로 인하여 설화(舌禍)에 말려들 수도 있다.

"한마디 말로 천 냥 빚을 갚는다."는 속담이 있듯이 말의 중요성을 강조하는 '말씀'이 성경책에 쓰여 있다.

마태복음 5장 22절

But I tell you that anyone who is angry with his brother will be subject to judgment. Again, anyone who says to his brother, 'Raca,' is answerable to the Sanhedrin. But anyone who says, 'You fool!' will be in danger of the fire of hell.

나는 너희에게 이르노니 형제에게 노하는 자마다 심판을 받게 되고 형제를 대하여 라가라 하는 자는 공회에 잡혀가게 되고 미련한 놈이라 하는 자는 지옥 불에 들어가게 되리라

에베소서 4장 29절

Do not let any unwholesome talk come out of your mouths, but only what is helpful for building others up according to their needs, that it may benefit those who listen.

무릇 더러운 말은 너희 입 밖에도 내지 말고 오직 덕을 세우는데 소용되는 대로 선한 말을 하여 듣는 자들에게 은혜를 끼치게 하라.

잠언 15장 1절

A gentle answer turns away wrath, but a harsh word stirs up anger.

유순한 대답은 분노를 쉬게 하여도 과격한 말은 노를 격동하느니라.

잠언 15장 4절

The tongue that brings healing is a tree of life, but a deceitful tongue crushes the spirit.

온순한 혀는 곧 생명 나무이지만 패역한 혀는 마음을 상하게 하느니라.

잠언 18장 20절

From the fruit of his mouth a man's stomach is filled; with the harvest from his lips he is satisfied.

사람은 입에서 나오는 열매로 말미암아 배부르게 되나니 곧 그의 입술에서 나는 것으로 말미암아 만족하게 되느니라.

잠언 18장 21절

The tongue has the power of life and death, and those who love it will eat its fruit.

죽고 사는 것이 혀의 힘에 달렸나니 혀를 쓰기 좋아하는 자는 혀의 열매를 먹으리라.

관계능력의 기본은 관심, 인정, 그리고 웃음이다. 관심은 사랑을 수반하고, 인정은 수용을 수반하고, 웃음은 친절을 수반한다. 내가 상대방을 인정하고, 관심을 갖고, 웃음 지을 때 그들도 나를 그렇게 대하고 초대할 것이다.

나는 로버트 치알디니의 저서 『설득의 심리학』을 수차례 읽어보면서 우리가 설득되는 것이 아니라 공감하는 것이기 때문에 『공감의 심리학』이라는 제목이 더 어울린다는 대담한 생각을 해봤다.

표 8-6 21세기에 요구되는 인지 혁명

유발 하라리는 저서 『사피엔스』에서 인지 혁명이란 약 7만 년 전부터 3만 년 전 사이에 출현한 새로운 사고방식과 의사소통 방식이라고 하며, 21세기 연결의 시대를 정복하기 위해서 우리에게 필요한 것은 자립, 사고, 언어, 관계능력에 더하여 공유와 연결에 대한 새로운 인지 혁명이라고 주장한다.

혁명은 문화를 수반한다. 연결시대의 수반된 문화는 인터넷이다. 이것은 도구이고, 우리는 이 도구를 사용하여 공유하고 연결함으로

써 자립능력을 키울 수 있다.

우리가 갖고 있거나 가져야 할 언어능력, 관계능력, 도구를 사용하는 능력, 웃음능력 중에서 단 하나만 가지고 있어도 우리는 어렵지 않게 자립할 수 있다 이것은 모두 계발하기에 속하며, 표 8-4의 통찰하기, 활용하기, 인식하기도 있다.

인간의 삶에 있어서 자립만큼 중요한 것은 없을 것이다. 자립을 하면 우선 자유롭다. 그리고 많은 것을 선택하고 시도할 수가 있어서 숨겨져 있거나 미처 발견하지 못한 자기의 재능과 타인의 재능도 찾고 계발하여 보다 나은 세상을 만드는데 기여할 수도 있다.

CHAPTER

행복하기

행복의 공통분모도 존재하는가?

긍정심리학의 창시자 마틴 셀리그만은 진정한 행복을 즐거운 삶, 의미 있는 삶, 몰입하는 삶으로 표현했다. 그의 긍정심리학의 핵심은 "인간의 본성은 선하다."에서 출발한다.

표 9-1 마틴 셀리그만의 미덕과 강점

미덕	강점	의미
지혜와 지식	호기심 학구열 판단력(개방성) 창의성 예견력(통찰력)	더 나은 삶을 위하여 지식을 습득하고 활용하는 것과 관련된 인지적 강점
용기	용감성 끈기 정직 열정	내외적 난관에 직면하더라도 추구하는 목표를 성취하고자 하는 의지를 실천하는 강점
사랑과 인간애	사랑 친절 사회성 지능	다른 사람을 보살피고 친밀해지는 것과 관련된 대인관계의 강점
정의감	팀워크(시민정신) 공정성 리더십	건강한 공동체 생활과 관련된 강점
절제	용서 겸손 신중함 자기통제력	정도를 넘지 않도록 알맞게 조절하여 통제하는 강점
영성과 초월성	감상력 감사 희망(낙관성) 유머감각 열정	현상과 행위에 대해 의미를 부여하고 우주와 연결성을 추구하는 초월적 영성 강점

꿈꾸는 소비

그는 긍정정서와 긍정특성 그리고 긍정제도를 3개의 기둥으로 하여 행복을 설계하는 수단을 보여주고 있다.

그가 주장하는 긍정정서는 기쁨, 평안, 감사, 자신감, 희망, 낙관성 등을 기본으로 하며, 긍정특성은 강점, 미덕, 재능, 능력 등을 기본으로 하고, 긍정제도는 가족, 학교 조직, 기업, 사회 등을 기본으로 한다.

마틴 셀리그만은 미덕과 강점이 행복을 만든다고 말한다. 미덕의 사전적 의미는 1) 도덕적으로 바르고 아름다운 일 2) 특히 뛰어나거나 좋은 점이다.

그가 말하는 6가지 미덕은 세계의 주요 종교나 철학에 관한 저술들에서 공통적인 미덕을 정리한 후 세계 모든 문화권에서 인정하는 공통적인 미덕을 간추린 것으로, 지혜와 지식, 용기, 사랑과 인간애, 정의감, 절제력, 영성 그리고 초월성을 말한다. 또한 그가 말하는 강점의 기준은 시간과 환경에 상관없이 계속 나타나는 심리적 특성이고, 그 자체로 가치가 있는 것을 의미한다. 그는 행복해지기 위해서는 미덕과 강점을 살려야 한다고 주장한다.

표 9-2 마틴 셀리그만의 행복공식

$H = S + C + V$		
H	지속적 행복수준	한순간 생겼다 사라지는 행복이 아닌 지속 가능한 행복을 의미한다.
S	이미 설정된 행복 범위	성격 특성이 유전될 확률이 50%에 달하는 것으로 알려져 있다. 이 특성은 행복의 걸림돌 작용을 한다.
C	삶의 상황	외적인 환경으로 돈, 결혼, 부정정서, 나이, 건강, 교육, 날씨, 성별, 종교 등으로 행복을 만드는 지렛대 작용을 한다.
V	자발적 행동	내적 환경으로 과거에 대한 만족도, 미래에 대한 낙관적 비전, 현재의 몰입도 등으로 행복의 지렛대 작용을 한다.

표 9-2는 그가 말하는 행복공식이다. "행복을 원한다면 지금까지 당신이 갖고 있던 행복에 대한 시각부터 바꿔라."라고 말한다.

행복의 공식을 살펴보면 영속적인 행복의 수준을 결정하는 것은 결국 내가 통제할 수 있는 것으로, 긍정심리인 긍정정서이다. 긍정정서는 부자들이 가지고 있는 자원이기도 하다.

표 9-3 안나 카레니나의 첫 소절

- Happy families are all alike, but unhappy families are unhappy in their own unique ways.
  -Anna Karenina by Lev Nikolayevich Tolstoy-

톨스토이의 장편소설 「안나 카레니나」는 19세기 러시아 사회의 풍속도와 여성의 애정 심리를 밀도 있게 묘사한 작품이다. 당시의 귀족사회를 무대로 유부녀인 안나 카레니나의 불륜과 파멸, 사랑과 질투, 욕망, 용서와 분노, 삶과 죽음 속에서 인간과 사회가 지닌 양면성의 한계를 밀도 있게 드러내고 있다.

첫 소절인 "행복한 가정은 모두 비슷한 이유로 행복하지만, 불행한 가정은 저마다의 이유로 불행하다."를 읽다 보면 행복한 사람들은 공통점이 있다는 생각이 든다.

이 소설은 행복과 불행의 결과는 자신의 선택에 달려있고, 행복은 고만고만한 보편적인 삶 속에 있는 것이며, 불행은 나름의 개인적인 이유가 있는데 그 이유라는 것이 대개는 자신만 아는 이기심이나 욕심에서 비롯된다고 말하고 있다.

그러나 진정으로 행복한 가정은 경제적인 자립, 공감하는 언어능력, 예상하는 사고능력, 책임이 따르는 관계능력 등 인간이 되려고 노력한 사람, 즉 인간에 가까운 사람들만이 달성할 수 있다고 생각한다.

"생명의 불꽃"을 품은 아름답고 지적인 여인으로 묘사되는 안나 카레니나(Anna Karenina)의 경우 지속적인 행복을 추구할 수 있는 이타적인 목적이 없는 삶, 그리고 배우자 관계의 역할인 돕는 자(Helper) 의무를 저버림으로써 시작된 불행이 낮은 자존감을 갖게 하고, 버림받는다는 두려움이 철도에 몸을 던지는 선택을 하게 했다고 생각한다.

인간의 욕구가 행복에 차지하는 비중이 크지만, 이기적인 욕구는 일시적인 행복으로 지속적이고 진정한 행복과 무관하다는 것에 대하여 많은 심리학자들이 그들의 저서를 통하여 주장하고 있다.

표 9-4 메슬로의 욕구5단계

에이브리엄 메슬로(Abraham H. Maslow)의 욕구5단계 설은 인간의 욕구는 타고난 것이며, 욕구를 강도와 중요성에 따라 5단계로 분류한 것이다. 하위단계에서 상위단계로 계층적으로 배열되어 하위단계

의 욕구가 충족되어야 그다음 단계의 욕구가 발생한다는 이론이다.

아래 단계에 있는 욕구일수록 생존을 위해 기본적으로 갖춰야 하는 욕구이며, 삶 전반에 큰 영향을 미친다. 사람들은 한 단계의 욕구가 적당히 충족되면 그다음 수준의 욕구를 충족시키는 데 관심을 갖는다고 한다.

에이브리엄 매슬로는 인간을 타고난 욕구위계의 사다리를 올라가며 성장하는 존재로 봤다.

표 9-5 다니엘 사피로의 인간의 핵심욕구

하버드대학교 다니엘 샤피로 협상학 교수는 저서 『원하는 것이 있다면 감정을 흔들어라』에서 "우리는 핵심관심이 충족되지 못할 때 실망감을 느끼고 화가 난다."고 한다. 표 9-5는 그가 주장하는 인간이 가진 핵심 관건을 나타낸 것으로, 그는 "핵심 관건이 충족될 때 행복하고, 협상이 가능하다."고 말한다.

그는 "우리 모두는 가치 있고, 중요하다는 인정을 받고, 모든 관련 있는 자와 친밀감을 느끼며, 어느 정도 결정할 수 있는 자율성을 가지고, 사회 구성원으로서의 지위와 가족 구성원으로서의 지위를 가

꿈꾸는 소비

지며, 존중받는다는 느낌을 받고, 성취감을 주는 역할을 수행하기를 원하고 있으며, 이러한 사실을 염두에 두면 우리의 행복은 커지고, 분쟁은 현저히 줄어들 것이다."라고 말했다.

기술이나 기능의 자격은 정부 또는 정부가 인정하는 단체에서 주고, 선출직은 국민과 주민이 투표로 자격을 준다. 그래서 누군가를 인정한다는 것은 그에게 그만한 자격이 주어졌다는 것을 의미한다.

인격이라는 자격도 누가 주었느냐를 심사숙고해 보면 창조주 하나님의 필요성이 대두된다. 그리고 이를 인정함으로써 우리 모두는 나의 인격과 타인의 인격이 동등함을 주장하여 상호존중할 수가 있다.

표 9-6 스티븐 코비의 인간의 욕구

살며	사랑하고	배우며	유산을 남긴다
신체의 문제	감성의 문제	지성의 문제	영성의 문제
생존	대인관계	성장	의미
경제적	사회적	발전	기여

스티븐 코비는 저서 『성공하는 사람들의 7가지 습관』에서 인간이 가진 욕구를 표 9-6과 같이 표현하며, 우리는 현재 어떠한 환경과 어떠한 위치에서 어떠한 지위를 가지고 살던 "살며, 사랑하고, 배우며, 유산을 남기기를 원한다."고 말한다.

살며

신체지능지수 PQ와 관련된 '살며'는 생존과 경제력을 의미하며, 건강한 신체적 지능을 유지하기 위한 현명한 식사, 일관되고 균형 잡

힌 운동, 적절한 휴식, 기분전환, 스트레스 관리, 예방적 사고(思考)
와 현실 파악이 필요하다.

사랑하고

감성지능지수 EQ로 인간관계와 사회생활에서 많이 요구되는 지
능인 '사랑하며'는 자아의식으로서 자신의 삶을 주도하고, 동기를 부
여하며, 끝을 생각하며 시작하여야 하고, 자율관리로 소중한 것을
먼저하고 끊임없이 쇄신하는 것을 말한다.

공감은 공감적 경청으로 먼저 이해하고 다음에 이해시키는 대인
관계 기술로, 항상 승-승을 생각하고, 조직과 당사자 간의 시너지를
내겠다는 마인드이다.

배우며

지적지능지수 IQ로, 성장과 발전에 관련이 있는 '배우고'를 위해서
우리는 지속적이고 체계적이며 규율 있는 연구와 교육, 자아의식 계
발, 가정(假定)을 명시적으로 드러내기, 배우고 실천하며 다른 누군
가를 가르치는 삶을 살아야 한다.

유산을 남긴다

영성지능지수 SQ로 의미와 기여, 가치의 문제를 다루고 해결하는
창조적 지능이 바로 '유산을 남긴다'이다. 유산은 '살며', '배우며', '사
랑하는 것'을 모두 포함하며, 여러 종류의 유산 중에서 믿음의 유산
은 발길이 닿는 곳마다 복이 나타난다고 한다.

제레미 도노반은 저서 『TED 프레젠테이션』에서 인간의 기본적인

욕구를 소속감, 개인적인 이익, 자기계발, 미래에 대한 희망으로 표현하였다.

표 9-7 서로 통하는 표현

인물	내용				
에이브러험 매슬로우	생리적	안전	애정과 소속	자기존중	자아실현
다니엘 사피로	자율성	친밀감	지위	인정	역할
스티븐 코비	삶		사랑	배움	유산
제레미 도노반	개인적 이익		소속감	자기계발	미래 희망
알프레드 아들러			타인신뢰	자기수용	타자공헌
샤를 바그네르			타인의 삶 개선	자기계발	보다 나은 세상
창세기 (1장 28절)	생육	번성	충만	정복	통치

표 9-7은 세계적으로 영향력 있는 사람이 말한 인간의 기본적인 욕구를 정리한 것이다. 행복하게 사는 방법과 인간으로 사는 방법에 대하여 서로 다른 표현을 하지만, 자세히 들여다보면 전부 같은 말의 다른 표현으로 일맥상통한다는 것을 알 수 있다.

인간에 관하여, 인생에 관하여, 행복에 관하여, 보다 나은 삶에 관하여 많은 연구하여 타인의 삶에 지대한 영향력을 끼치고 있는 사람들이 주장하고 싶은 것은, 우리 인간이 가진 6가지 품성인 다양성, 존엄성, 무한가치, 잠재능력, 원대한 꿈, 자유의지를 계발하여 '나도 사람(인간)이 되고 타인도 사람이 되게 기여해야 행복하다'는 내용이다.

판도라

불의 신이며 뛰어난 책략가인 프로메테우스가 신들의 나라에서 불을 훔쳐 인간에게 주자 신들의 왕 제우스는 이 축복에 맞먹는 불행을 주기로 한다. 그래서 제우스는 불의 신이며 장인(匠人)들의 수호신인 헤파이스토스에게 부탁해 흙으로 여자를 빚게 했고, 이름을 "판도라"라 했다. 그리고 신들은 이 여자에게 자신들이 고른 가장 좋은 선물들을 주었다.

이렇게 판도라는 온갖 고통과 악이 들어 있는 "단지"를 갖게 된다. 이것이 "판도라의 상자"다. 제우스는 판도라를 에피메테우스에게 보냈는데, 그는 형인 프로메테우스의 경고를 잊고 판도라를 아내로 삼는다. 결국 판도라는 그 단지를 열었으며, 그 안에서 악들이 나와서 땅 위에 퍼졌다 한다.

다른 설에 의하면 "희망"만은 빠져나가기 전에 뚜껑을 닫았기 때문에 안에 남게 되었다거나, 그 단지에는 악이 아니라 축복들이 들어 있었는데 인간이 스스로의 호기심 때문에 그것을 열게 되어 인류를 위해 보존될 수도 있었던 축복들을 잃어버리게 되었다고도 한다.

"내일 지구의 종말이 온다 할지라도 나는 오늘 한그루의 사과나무를 심겠다."는 스피노자의 말을 떠올리는 신화이다. 우리가 품성을 계발하며 '인간이 되는 것'을 꿈꾸고, 그러한 일들이 소일거리가 되기를 원하는 것은 판도라의 상자에 남아 있는 희망이 우리에게도 남아있기 때문일 것이다.

미하이 칙센트미하이의 저서 『몰입』, 모 가댓의 저서 『행복을 풀다』, 에마 세팔라의 저서 『해피니스 트랙』 등 행복한 삶에 관한 몇 권의 책을 읽고 느낀 것은, 순간의 행복보다는 지속 가능한 행복을 추구해야 한다는 것이었다.

인간의 행복추구권은 권리이기 때문에 내가 지키고 내가 찾아야 한다. 많은 사람들이 그러했듯이 나도 품성을 계발하여 인간이 되는 것을 추구할 때 가장 행복함을 느낀다.

　행복의 공통분모는 '인간성, 즉 품성의 계발'이며, 이러한 꿈, 이러한 희망, 이러한 소일거리를 가진 자는 늘 행복함에 틀림없다.

CHAPTER

가난의 정의

가난이란 무엇인가?

  루비 페인은 가난에 관하여 수십 년을 연구한 학자이다. 루비 페인 박사는 저서 『계층이동의 사다리』에서 가난한 사람들은 가난이 무엇인지, 가난 자체를 정의하지 못하기 때문에 가난하다고 말한다.

  나는 그 책을 읽고 몇 사람에게 "가난이 무엇이냐?"고 질문해 봤지만, 돌아오는 대답은 대부분 "돈이 없는 것이 가난."이라는 것이었다. 그 책을 읽기 전에는 나도 그렇게 생각했다. 그러나 우리가 살면서 느끼는 가난은 돈이 없는 것이 다가 아니다.

  지식이 없는 것도, 긍정정서가 부족한 것도, 자존감이 부족한 것도, 신체에 결함이 있는 것도, 지도해 줄 스승이 없는 것도, 친구가 없는 것도, 노는 방법을 모르는 것도, 대화할 줄 모르는 것도, 인간관계를 맺지 못하는 것도 전부 가난이라고 할 수 있다.

  이렇듯 가난과 풍요에 대한 인식이 사람마다 다른 것을 보면 사고(思考)의 차이가 많은 면에서 부자와 가난한 사람을 구분 짓는다고 할 수 있다.

  가진 자는 행복하고 없는 자는 불행한 경우가 일반적이다. 그러나 우리의 주변에는 돈이 없으면서도 행복해하는 사람이 있는가 하면, 돈이 많으면서도 불행한 사람이 있는 것을 볼 때 돈을 많이 가진 것만이 부자가 아니다는 사실은 분명해 보인다.

표 10-1 가난의 정의(루비 패인)

내용	
1	사람이 자원 없이 지내는 정도
2	하나의 문화이고 제도이며 삶의 방식
3	이성적으로 행동하고 자제력을 발휘하는 능력을 빼앗아가는 것

표 10 1은 루비 패인이 가난을 정의한 것이다. 우리가 삶에 필요한 자원을 충분히 가지지 못하면 불편함을 떠나서, 우선 매사에 여유가 없다. 여유가 없으면 멀리 보지 못하며, 그로 인해 본인의 능력마저 사장시키고, 불만을 품고 살게 한다.

"이성적으로 행동하고 자제력을 발휘하는 능력을 빼앗아 가는 것"이라는 가난이 주는 영향력은 지적 수준과 관계없이, 부부간의 사랑은 물론 가족 사이의 유대와 대인관계를 해치는 방향으로 엄청난 지렛대 역할을 한다.

가난도 "하나의 문화이고 제도이며 삶의 방식"이라는 것은 가난이 무엇인지 모르기 때문에, 그렇게 사는 것이 세상의 모든 것인 양 가난 자체를 수용하며, 심지어 즐기며, "우물 안 개구리로 산다."는 의미이다.

결국, 가난은 우리의 성장을 가로막아서 의미 있는 삶보다는 짐승처럼 오직 본능에 충실한 삶으로 인도하기 때문에 인간다운 인간으로 살지 못하게 한다.

표 10-2 부의 8가지 자원

　　루비 페인 박사는 가난한 사람들은 부자들이 가지고 있는 표 10-2
의 8가지 자원을 갖지 못했기 때문에 가난하다고 하며, 가난을 수용
하는 이유가 자신에게 선택 가능성이 있다는 사실을 모르거나 부자
들의 문화(불문율)를 가르쳐 주는 스승이 없기 때문이라고 한다.

표 10-3 계층 간 문화 비교

계층	관심	돈	활동무대
빈곤층	재미, 인간관계	오락, 관계유지	지역
중산층	일, 성취	안전	국가
부유층	재정, 정치, 사회적 연출	관리, 투자	국제

　　불문율이란 표 10-3과 같이 빈곤층, 중산층, 상류층이 가지고 있
는 그들만의 독특한 문화를 말한다.

리처드 니스벳의 저서 『무엇이 지능을 깨우는가』는 자녀의 지능을 향상시키는 가정의 인지문화(Cognitive culture)에 관한 내용이다. 학습능력인 지능지수는 지적 자원을 쌓아 가는데 지렛대 아니면 걸림돌로 작용한다.

전문직 부모는 시간당 2,000개의 단어를 아이들에게 구사하지만 노동계층 부모는 1,300개의 단어를 사용하고, 아이가 세 살이 되면 전문직 가정의 아이는 3,000만 개의 단어를 듣게 되지만, 노동계층에서는 2,000만 개 이상은 듣지 못한다고 한다.

전문직 부모들은 아이늘의 지적 호기심을 자극하는 말을 하지만, 노동계층 부모들은 일방적으로 지시한다. 전문직 부모들은 아이에게 칭찬과 격려의 말을 꾸짖는 말보다 여섯 배나 더 많이 하지만, 노동계층 부모는 고작 두 배에 지나지 않는다고 한다.

가정환경은 지능지수(IQ)를 결정하는 중요한 요인으로 밝혀졌다. 일란성 쌍둥이로 중산층에 입양된 아이와 가난한 가정에 입양된 아이의 IQ를 조사해 본 결과 10 이상의 차이가 났다고 한다.

표 10-4 가난의 종류와 문화

가난의 종류		가난한 사람의 문화
대물림되는 가난	상황에 따른 가난	시끄러움 동시대화 소비대화 폭력우선 음식사랑 육체노동

가난의 종류는 '대물림되는 가난'과 '사고(事故)' 등 특정한 사건으로 시작되는 상황에 따른 가난'이 있으며, 표 10-4은 가난한 사람들의 문화적인 특징이다.

가난이 당대(當代)로 끝나지 않기 때문에, 내가 현재 가난할지라도 가난이 무엇인지를 배워야 가난을 탈피할 수 있는 교육이 대대로 이어질 수 있다. 가난이 대물림되는 것처럼 부의 문화가 정착되면 부도 대물림된다.

가난한 사람들의 가정은 대체로 항상 시끄럽고, 이성보다 몸이 앞서서 폭력적이며, 순서 없이 동시에 대화하고, 음식으로 사랑을 대체하고, 쉬운 일을 찾다 보니 육체노동을 하는 경우가 많다.

그들의 대화는 생산적이기보다는 소모적이고, 대책보다는 심판하고 변명하며, 누군가의 탓으로 돌린다. 사람이 많이 모이는 식당에 가보면 이것을 확실히 느낄 수 있다. 5~6명이 앉아 있는 식탁에서조차 그들은 지역방송을 한다.

"헬 조선"이라는 말을 들은 적이 있을 것이다. 왜 그러한 현상이 발생하는지에 대한 사실과 원인을 파악하지 않고, 대책을 강구하지 않는 가난한 사람들의 대표적인 말이다. 그것의 결론은 "나쁜 그 사람. 그리고 불쌍한 나."이다. 자신의 무능을 남의 탓으로 돌리는 말이다.

그것이 시스템이 잘못된 경우를 말하는 표현일 수도 있지만, 시스템을 이해하려고 하지도 않고, 이해하지 못해서 하는 불평인 경우가 대부분이다. 이러한 불평은 결코 자기발전에 도움이 되지 않는다는 사실을 깨달아야 한다.

재정적 자원은 경제력에 관한 것으로, 교환가치의 재산보다는 경제적 가치가 있는 자산을 가진 정도, 그리고 시간노동으로 교환하는 임시소득이 아니라 적지만 꾸준히 받을 수 있는 시스템으로 얻는 자본소득(권리소득)을 가진 수준을 말한다.

나는 자산(資産)은 자산(自產)이고, 재산(財產)은 재산(災產)이라 생각한다. 즉 자산은 스스로 쌓이고, 재산은 바람 불면 한꺼번에 날아가는 잿더미 회산(灰產)이라는 의미다.

정서적 자원은 생명력인 자신감과 긍정성에 관한 것으로 "나는 할 수 있다."라는 긍정적 정신상태를 말한다. "생각에 따라 삶이 달라진다."고 하기 때문에, 어쩌면 긍정적인 정서가 부(富)를 이루는 자원의 거의 모든 것으로 '긍정적인 정서를 갖는 것이 부의 시작이다'라고 말해도 과언이 아니다.

파레토의 80:20의 법칙이 있다. 19세기 이탈리아에서 20%의 사람들이 전국 토지의 80%를 소지하고 있다는 법칙이다. 심지어 개미들도 집단의 20%만 일을 하고 80%는 논다는 연구도 있다.

『원씽(The one thing)』의 저자 게리 켈러와 제이 파파산은 이를 응용하여 "당신이 원하는 것 중 대부분은 당신이 실천하는 몇 개의 일에서 비롯될 것."이라고 한다.

부자들이 갖고 있는 자원 중에서 우리가 당장이라도 가질 수 있는 것은 긍정성인 '정서자원'과 자존감을 키우는 영적자원이다. 이 둘을 갖는 일이 파레토의 법칙이 말하는 20%와 원씽에서 언급된 그 몇 개 중 하나일 수 있다는 생각을 한다.

조엘 오스틴의 저서 『긍정의 힘』, 노먼 빈센트 필의 저서 『긍정적 사고방식』, 마틴 셀리그만의 저서 『긍정심리학』, 데이비드 호킨스의 저서 『의식혁명』은 정서적 자원의 중요성을 깨닫게 하는데 많은 도움을 준다.

　나폴레온 힐은 저서 『나의 꿈 나의 인생』에서 가난해지거나 부자가 되거나 어느 쪽이든 모든 것은 자신의 신념에서 비롯되며, 신념이 없으면 성공도 없다고 말했다. 그리고 동요되지 않는 신념이 사고(思考)를 힘으로 바꾸고, 신념은 우리의 한계를 뛰어넘어 새로운 자신을 만들며, 도전하는 인간으로 변화시킨다며, 무한한 힘을 가지고 있는 신념은 잠재의식에 자기암시를 줌으로써 강화될 수 있는 것이라고 했다.

　이렇게 '나는 할 수 있다'고 강한 자기암시를 주는 신념과 긍정성이 바로 정서자원이다.

　우리는 만나고 싶은 사람과 사물과 현상을 향해 다가가며, 내가 초대한 그들이 나를 향해 다가온다. 초대받지 않은 그들이 나와 만나는 경우는 거의 없다.

　현재 나의 생각이 내가 나아가는 방향이므로 긍정을 향해서 나아가면 긍정을 만나고, 부정을 향해서 나아가면 부정을 만날 수밖에 없다. 그리고 우리는 미래를 살아야지, 과거나 현재에 살아서는 발전할 수 없다.

　현재는 인식하지도 못하고 지나가는 찰나(刹那)이다. 마치 달리는 고속열차 안에서 밖을 내다보는 것과 같다. 먼 곳은 따라가며 희미하게나마 볼 수 있지만 가까이 스쳐 지나가는 것은 전혀 알아볼 수가 없다. 고속열차의 기관사는 미래라고 비유할 수 있는 전면의 풍경이 순식간에 다가와 지나가는 현상을 날마다 경험할 것이다. 우리가 미래를 살지 않으면 무슨 일이 있었는지도 모른 채 과거만 바라볼 것이다.

표 10-5 유인력 3원칙

내용	
끌어당김의 법칙	비슷한 것끼리 서로 끌어당긴다.
의식적 창조과학	원하는 것이건 원하지 않는 것이건 자신이 현재 생각하고 있는 대상을 얻는다.
허용의 법칙	나는 나인 그것이다. 그리고 다른 이들 모두가 그들 자신이 되도록 기꺼이 허용하겠다.

에스더와 제리 힉스는 저서『유인력 끌어당김의 법칙』에서 "영원한 3가지 우주법칙"으로 긍정의 중요성에 대하여 잘 설명하고 있다.

표 10-6 가난한 사람들의 특징

가난한 사람들의 특징은 표 10-6과 같이 "안 된다. 못한다."라는 부정심리가 깊숙이 자리 잡고 있으며, 사람에게 의지하는 것이 아니라, 사람에게 의존하는 경향이 강하다고 한다. 만약 내가 이같은 특성을 지니고 있다면 가난을 벗어날 자세가 되어 있지 않는 것이다.

사회생활을 하면서 부정적인 사람과 단절을 하지 못하면 긍정적인 정서를 갖는데 많은 어려움을 겪는다. "끼리끼리 모인다."는 끌어당김의 법칙이 작용하기 때문이다.

꿈은 꿈을 부르고,
선은 선을 부르고,

악은 악을 부르고,

부(富)는 부를 부르고,

빈(貧)은 빈을 부른다.

"같은 깃털의 새는 함께 무리를 짓는다."

내가 현재의 삶에 만족하지 못하고 있다면 우선 그곳에서 탈피하여 환경을 바꾸고 현재의 인간관계부터 정리하는 것이 가장 빠른 방법이다. 내가 누구를 만나고 있는지 통찰해 보면 나의 미래가 보인다.

부정적인 사람은 내가 새로운 것을 시작할 때 시기하고 방해했으면 했지 절대로 격려하거나 응원하지 않는다. 그 이유는 분리되는 두려움 때문이라고 심리학자들은 말한다. 그들은 나도 그들같이 함께 살기를 원한다. 맹모삼천지교는 교육에만 필요한 것이 아니라 삶의 전반에 걸쳐 필요한 것이다.

표 10-7 부(富)를 위해서 필요한 경제지식

생산요소의 변화	유통의 변화	소비의 변화	속도의 충돌
수입의 속성	사업의 정의	마케팅의 정의	부자가 하는 일
경제의 개념	부의 자원	가난의 정의	시대의 변화

지적자원의 부족은 가난하기 때문에 배움의 기회를 잡지 못한 교육의 부재도 있지만 배우려고 하지 않는 경우가 더 많기 때문에 생겨난다.

오늘날의 문맹은 배우려고 하지 않는 것이다. 어제 배운 것이 계속해서 유효할 것이란 생각은 버리고 배우고 또 배워야 한다. 특히 부(富)는 경제활동에서 태어나기 때문에 표 10-7의 내용에 대한 경제학습은 필수적이다.

부자들이 하는 일도 배워야 한다. 이것은 학교에서 배우기는 어렵다. 왜냐하면 대량생산을 위한 산업시대의 교육이 아직도 이어져 오고 있기 때문이다. 부자들은 자녀에게 부(富)의 씨앗을 심기 위해 밭을 가는 법을 직접 가르치지만, 가난한 사람들은 자녀에게 부자들의 밭에서 수확을 하기 위해 낫을 가는 방법을 학교에서 배우도록 한다. 부를 원하면 밭을 갈고 부의 씨앗부터 심는 것이 우선이다.

영적자원은 꿈과 능력과 자신감과 자존감에 관한 자원이다. 인간이 선천적으로 가지고 있는 품성인 존엄성, 무한가치, 원대한 꿈, 그리고 자유의지를 인식하지 못하거나 무시하면 가질 수 없는 자원이다.

신체적 자원은 건강에 관한 것이라 모두가 안다고 생각할 것이다. 그러나 안다고 생각하는 것과 달리 우리들의 건강은 그다지 건강하지 않다. 단순히 말하면 건강은 음식의 균형과 운동의 균형이지만, 본능이 필요로 하는 것보다는 정신과 순수한 육체가 필요로 하는 에너지가 무엇인지 알아야 한다.

지원자원은 실패할 때마다 일으켜 세워줄 수 있는 후원자에 관한 것이다. 물질적인 도움을 충분히 여러 차례 받을 수 있다면 좋겠지만, 세습수준의 재산이 아니라면 물질적인 후원은 일시적이고, 부작용이 따른다. 또한 모두가 원한다고 가질 수 있는 것도 아니기 때문에 가질 수 없다고 탓할 일은 아니다.

스승자원은 멘토(Mentor)라 할 수 있다. 경험과 지식을 바탕으로 다른 사람을 지도하고 조언해주는 사람이다. 주변에 능력자가 없다고 탓할 일은 아니다. 왜냐하면 질문을 하다 보면 스스로 답을 찾는 경우도 있기 때문이다.

사회적으로 대단히 성공한 사람만 스승이 되는 것은 아니다. 가까이서 자주 만날 수 있는 나보다 나은 사람을 찾으면 된다. 멘토를 둔다는 것 자체가 "나는 배우기를 원합니다."라는 뜻이기 때문이다.

원양을 항해해온 선박이 항구에 들어올 때나, 부두에 접안할 때는 도선사(Pilot)의 안내와 건인선(Tug boat)의 도움을 받는다. 출항할 때도 마찬가지다. 그 선박의 선장이 능력이 없어서가 아니라 도선사가 지역의 수로에 대한 경험이 많기 때문이다. 인생에 비유하면 멘토이고, 지원자원인 셈이다.

성공한 사람들은 배우려는 의지가 있기 때문에 대부분 멘토가 있다. 자기보다 지식과 경험이 많은 사람과 의견을 교환하고 식견을 묻는 것을 어릴 때부터 습관화시키는 교육도 필요하다.

멘토가 없는 사람들은 자기와 다름없는 주변사람과 의견을 나누는데, 이는 얻는 것보다는 잃는 것이 더 많다. 왜냐하면 보통사람의 뇌는 부정성이 지배하고 있으며, 부정성은 장점보다는 단점을, 해야 할 이유보다는 하지 말아야 할 이유를 먼저 찾기 때문이다.

부동산중개업을 하면서 물건을 소개하기 위하여 현장을 방문할 때 고객이 전문가도 아닌 친척이나 친구를 동반하는 경우가 있다. 그 사람들은 본인의 역할을 하고 싶은 마음인지, 부동산의 장점보다는 사소한 단점만을 찾아내어 고객에게 알려준다. 이러한 경우 거래는 거의 이루어지지 않았다.

우리를 이끌지는 않더라도 방향을 제시해 줄 수 있는 스승이 정말 필요하다. 왜냐하면 제아무리 영리하고 수단이 뛰어난 사람도 방향이 틀리면 절대로 목적지에 도달할 수가 없기 때문이다.

표 10-8 가난탈피 요소와 요인

가난 탈피 2가지 요소		가난 탈피 4가지 요인
교육	인간관계	극한의 고통 목표 / 비전 스승 / 후원자 재능 / 능력

가난을 탈피할 수 있는 2가지 요소는 교육과 인간관계이고, 탈피할 수 있는 요인은 표 10-8과 같이 4가지라고 한다.

가난이 죽기보다 싫어서 벗어나겠다는 결단이 있거나, 생생한 목표와 비전이 있거나, 스승과 후원자, 그리고 세상을 놀라게 할 재능과 능력 중 하나라도 있어야 가난을 탈피할 수 있다.

비록 재능과 능력, 그리고 후원자는 없을지라도 가난이 주는 고통의 심각성을 인지하고, 목표와 비전을 세우고, 인내하며 배우려는 의지가 가난한 사람들의 가난 탈피 요소라 하겠다.

시간(돈)과 관련하여 의미심장한 영화가 있다. 앤드류 리콜 감독의 「인 타임(In Time, 2011)」이다.

커피 1잔은 4분, 권총 1정은 3년, 스포츠카 1대는 59년. 모든 비용은 시간으로 계산된다. 모든 인간은 25세가 되면 노화를 멈추고, 손목에 새겨진 카운트 바디 시계에 1년의 유예 시간을 제공받는다.

삶에 필요한 모든 것을 시간으로 계산한다. 부자들은 영생을 하고, 가난한 사람들은 매일 아침 자신의 남은 시간을 보며 충분한 양의 시간을 벌지 못하면, 더는 살 수 없다는 사실을 깨달으며 눈을 뜬다.

노동으로 시간을 사거나, 누군가에게 빌리거나, 그도 아니면 훔쳐야 한다. 능력이 없어서 주어진 시간을 모두 소진하고 13자리 시계가 제로가 되는 순간, 그 즉시 심장마비로 사망하는, 인간의 수명이 돈으로 거래되는 세상이다.

산업시대에는 부자와 가난한 자를 떠나서 공평한 것이 수명(壽命)이었다. 하지만 지금은 부자들이 가난한 사람보다 훨씬 오래 살 수 있는 세상이 되었다. 이젠 살아가는 시간마저 불평등한 세상이 온 것이다.

4차 산업혁명시대는 상대적 빈곤감을 더 느낄 수밖에 없다. 왜냐하면 돈이 곧 수명(壽命)이 되는 시대이기 때문이다.

테슬러의 엘런 머스크는 "AI의 발달로 사람이 직업을 잃게 되므로, 국가가 월급을 주는 시대가 온다."고 말한다. 그러나 국가는 가난한 사람들이 기대하지 않는 수명을 연장시킬지언정 기대수명을 연장시켜줄 만큼 많이 주지는 않을 것이다.

가난을 탈피하고 싶은 의지가 있다면 관심을 가질 만한 내용이 있다. 미래학자 앨빈 토플러는 저서『제3의 물결』과『부의 미래』에서 시간, 공간, 지식의 혁명적 변화가 잊고 있었던 역사적 사건을 다시 세상에 드러나게 했다고 말했다.

앨빈 토플러가 30년 전, 그리고 12년 전에 했던 말이 현실이 되었다. 그는 "프로슈머의 활동이 심약한 사람에게는 반갑지 않을 미래일 수도 있지만, 가정 및 세계적으로 극심한 빈곤에 대한 참신한 해결책도 던져줄 것이다."라고 했다.

테시마 유로는 저서 『유대인의 비즈니스』에서 자신의 능력으로 먹고사는 자가 위대하다고 말한다. 자신의 능력으로 먹고산다는 것은 자기가 심은 곡식을 자기 밭에서 수확한다는 의미다. 내가 지금 남의 밭에서 수확하고 있다면, 그것이 바로 가난이다.

경기에서 이기려고 한다면 첫 번째 할 일은 경기에 참석하는 일이다. 꽃을 보려면 꽃씨를 심어야 하고, 과일을 따려면 과일나무를 심거나 접(椄)붙이는 일을 해야 하는 것과 같다.

부자가 되는 완벽한 상황, 조건, 계획은 있을 수 없다. 결과는 과정이 끝난 다음에 나오는 결실이므로 부자들이 가진 8가지 자원을 갖기를 원한다면 우선 생산적인 일에 시간을 많이 할애해야 한다.

24시간이라는 하루를 소비하지 않고 지내는 사람은 아무도 없으며, 부와 가난은 그 시간의 활용에 좌우된다. 우리는 어떤 자원이나 재화를 이용하여 생산이나 소비를 하였을 경우, 다른 것을 생산하거나 소비했다면 얻을 수 있었을 잠재적 이익, 즉 기회비용을 항상 생각하며 살아야 한다.

하루 일과를 마치고 저녁 8시 이후에 우리가 어느 장소에 있느냐에 따라서 우리의 삶은 많이 달라질 수 있다. 학생을 제외하면 많은 사람들이 TV 앞에 앉아서 휴식을 즐긴다. 나는 일주일에 단 한번 그 시간을 활용하여 부를 이루고 있는 주부들을 많이 알고 있다.

무엇을 해야 할지 막연한 생각이 들 때는 운동이나 독서 등 혼자 힘으로 할 수 있는 것부터 시작하는 것이 좋다고 한다. 그러면 생각이 바뀌고, 생각이 바뀌면 행동이 바뀌고, 행동이 바뀌면 습관이 바뀌고, 습관이 바뀌면 삶이 바뀌며, 그로 인해서 만나는 사람이 달라지고 새로운 정보를 얻어 새로운 것을 시작할 수 있다는 것이다.

산업시대는 돈이 그야말로 '모든 것'이었다. 즉 존재며, 공유며, 자유며, 활동으로 돈이 없으면 새로운 것을 시도할 수도, 전문가가 될 수도 없는 시대였다. 그러나 지금은 연결시대로 공유가 보편화된 세상이다. 돈이 없어도 무언가를 배울 수 있고, 시도할 수 있는 시대인 것이다.

우리의 주변에는 공유하기를 원하는 사람들이 분명히 있다. 그들이 공유하기를 원하는 것이 부자들이 가진 8가지 자원을 쌓는 일이라면 그들과 함께 그들이 가진 부의 자원을 공유하여 부자가 되는 길을 가야 한다.

부자들이 갖고 있는 자원 중에서 재정과 지원자원은 어쩔 수 없는 것이라 할지라도, 불문율, 지적, 신체적, 정서적, 영적, 스승자원을 갖는 노력은 지금 당장 오늘부터 시작할 수는 있는 것이다. 잘하려고 할 필요도 없다. 그냥 시작하는 것이다.

스티븐 기즈의 저서 『지금의 조건에서 시작하는 힘』은 제대로 하려다 시작도 못하는 사람들에게 시작하고 싶은 용기를 줄 것이다.

CHAPTER

시스템 소득

부자들은 어떤 일을 하고 있는가?

부자들은 비슷한 일을 하면서 부자로 살지만, 가난한 사람들은 제각각의 일을 하면서 가난하게 산다. 이 구절은 톨스토이의 「안나 카레니나」의 첫 소절인 "행복한 가정은 모두 비슷한 이유로 행복하지만, 불행한 가정은 저마다의 이유로 불행하다."를 떠올리게 한다.

나는 수많은 직업이 가난한 사람들을 위해서 존재한다는 생각을 한다. 왜냐하면 부자들은 같거나 비슷한 일을 하지만, 가난한 사람들은 셀 수 없을 정도로 많은 이름의 직업으로 일을 하기 때문이다.

토마스 J. 스텐리와 윌리엄 D. 덴코는 저서 『이웃집 백만장자』에서 "부는 수입과는 다르다. 아무리 많은 수입을 올릴지라도 그것을 모두 써버리면 부자가 될 수 없다. 단지 풍요롭게 살 수 있을 뿐이다. 부(富)란 쓰는 것이 아니라 축적하는 것이다."라고 말한다.

사전(辭典)의 의미와는 사뭇 다르고, 일시적으로 소비할 수 있는 능력보다는 지속적으로 생산할 수 있는 능력에 초점이 맞추어져 있다. 때문에 부를 축적하기 위해서는 생산시스템이 갖추어져 있어야 한다. 결국 생산시스템이 없는 부자는 수입이 많다고 할지라도 일시적인 부자일 뿐이다.

표 11-1 부자들이 하는 일

부자들은 시간, 공간, 자본이라는 생산요소로 직장을 만들어 직장의 주인인 사업가가 되거나 그렇게 만든 부(富)로 투자를 하는 투자가가 되지만, 가난한 사람들은 생산요소인 시간을 사업가나 투자가를 위해서 소비하는 직장인이 된다.

부자들은 남의 시간(Other People's Time)을 생산의 지렛대로 이용하고, 남의 돈(Other People's Money)으로 제품이나 서비스를 생산하거나 유통하는 일방향의 플랫폼이나 상호작용하는 플랫폼을 만든다. 그리고 부자들은 회원(Member)을 자산으로 만든다.

부자들은 가맹점(Franchise)을 만들어 경영하거나 시스템이 있는 가맹점을 사서 경영하는 반면, 가난한 사람들은 시스템도 없는 "갑질" 하는 가맹점을 사서 자영한다.

가맹점(Franchise)이란 동맹이나 연맹, 조직 따위에 가입되어 있는 가게나 점포로 표현되기 때문에 사업자 회원이라 할 수 있다.

결국 부자들은 플랫폼을 만드는 일, 회원을 확보는 일, 시간과 돈을 투자할 사람을 모집하는 일, 그리고 이러한 일을 세일즈 하는 것이 전부이다.

부자들은 법인(法人)이 사업을 하게 하지만, 가난한 사람들은 자기(自己)가 사업을 하게 한다. 법인의 대표는 적자를 봐도 보수를 받지만, 자영업자는 적자를 보면 무보수로 일하고, 빚을 얻어서라도 직원의 급료를 주어야 한다.

가난한 사람들은 오직 자기의 시간만 이용하며, 부자들의 직장인이 되어 시간을 소비한 대가로 받은 돈을 부자들의 플랫폼인 토지와 건물과 사이버 공간에서 소비하고, 부자들의 자산인 회원이 되어 살아간다.

플랫폼(Platform)이 무엇인지, 또 어떻게 작동하는지를 이해하는데는 마셜 밴 앨스타인 외 2인의 저서『플랫폼 레볼루션』이 도움이 될 것이다. 그는 "4차 산업혁명의 주인공은 플랫폼을 구축하거나 활용하는 자가 될 것이다."라고 말했다. 만약 내가 플랫폼을 구축할 수 없다면, 활용할 수 있는 것이 무엇인지 배워야 한다.

로버트 기요사키는 저서『부자 아빠 가난한 아빠』에서 부자가 될 수 있는 방법을 언급했는데, 월세를 받을 수 있는 부동산 투자, 그리고 타인의 시간을 활용하는 일로 내가 일을 하여 3백만 원을 벌 수 있는 일을 남을 시켜서 2백 50만 원으로 할 수 있다면 그렇게 하라고 말한다. 그런 일을 10번만 하면 나의 수입은 5백만 원이 되므로 타인의 시간과 자본을 지렛대(Leverage)로 이용하는 방법을 찾으라는 것이다.

레버리지 효과(Leverage Effect)를 이해할 때는 롭 무어의 저서『레버리지 - 자본주의 속에 숨겨진 부의 비밀』가 도움이 된다. 그는 "만약 행복한 삶과 시간적인 자유를 원한다면 더 열심히, 더 오래 일하라는 성공의 법칙이 근거 없는 망상이라는 것을 알아야 한다."며 레버리지 당하고 사는 것과 레버리지 하며 사는 것의 차이점을 말하고 있다.

"이익의 절반을 가지려면 사업을 하라."는 유대인의 속담이 있다. 부자들은 표 11-1의 사업을 하나만 하는 것이 아니다. OPT와 OPM으로 상호 연결된 생산, 유통, 소비의 온라인과 오프라인의 공간을 만들어서 제품을 팔고 서비스를 팔며 사업을 확장하고 있다.

부자들이 하는 일은 먼저 부(富)의 씨앗과 나무를 뿌리거나 심고, 나중에 수확한 열매를 파는 일이다. 그러나 가난한 사람들은 부자들의 밭에서 수확하는 일을 먼저 하며, 나중엔 이삭줍기에 관심을 심는다.

씨를 뿌리는 자의 과정과 결실에 대해서는 마태복음 13장 3~8절이 잘 말해주고 있다. 뿌려진 씨앗이 모두 다 성장하지는 않겠지만, 성장한 씨앗의 결실은 약간의 시간이 흐르면, 백 배가 아니라 수천, 수만 배가 될 수 있다.

마태복음 13장 3절~8절

3. Then he told them many things in parables, saying: "A farmer went out to sow his seed.
   예수께서 비유로 여러 가지를 그들에게 말씀하여 이르시되 씨를 뿌리는 자가 뿌리러 나가서

4. As he was scattering the seed, some fell along the path, and the birds came and ate it up.

뿌릴새 더러는 길가에 떨어지매 새들이 와서 먹어버렸고

5. Some fell on rocky places, where it did not have much soil. It sprang up quickly, because the soil was shallow.

더러는 흙이 얕은 돌밭에 떨어지매 흙이 깊지 아니하므로 곧 싹이 나오나

6. But when the sun came up, the plants were scorched, and they withered because they had no root.

해가 돋은 후에 타서 뿌리가 없으므로 말랐고

7. Other seed fell among thorns, which grew up and choked the plants.

더러는 가시떨기 위에 떨어지매 가시가 자라서 기운을 막았고

8. Still other seed fell on good soil, where it produced a crop--a hundred, sixty or thirty times what was sown.

더러는 좋은 땅에 떨어지매 어떤 것은 백 배, 어떤 것은 육십 배, 어떤 것은 삼십 배의 결실을 하였느니라.

기하급수적인 수입은 오직 심고 뿌리는 자만 거둘 수 있다는 사실을 알아야 부자가 될 수 있다. 당장의 수입에만 관심이 있는 가난한 사람들은 한 가지 일도 힘들어하고, 돈이 안 되는 것은 잘도 팔면서 돈이 되는 것을 파는 것은 혐오한다.

부자가 되기를 바라는 가난한 사람들은 세일즈의 개념부터 이해할 필요가 있다. 세일즈란 '판매자의 제품과 서비스가 구매자의 생활과 삶의 한 부분을 편리하고 풍요롭게 만들 수 있다는 정보를 전달하는 것이지 물건과 서비스를 전달하는 것이 아니다'라는 사실을

인식해야 한다.

세일즈맨이 사실이 아닌 정보를 전달하려고 하거나 정보가 아닌 제품과 돈을 바꾸려고 하기 때문에 세일즈가 어렵고, 두렵고, 호감이 가지 않는 것이다. 좋은 일을 하면서 떳떳하지 못할 사람은 세상에 아무도 없다.

예를 들어 가정용 세탁건조기를 판다는 것은, 가족 구성원의 일손을 덜어 준다는 정보를 파는 것이다. 타사 제품에 비해 가성비가 떨어지는 제품을 타사의 제품과 같다며 그릇된 정보를 주려고 하면 떳떳하지 못해서 양심에 가책을 느끼고 당연히 세일즈를 어렵게 여길 것이다.

한 가지 예를 더 들어보자. 가정에서 매일 사용하는 수많은 종류의 세제 중에서 내가 친환경 세제를 판다면, 그것은 세일즈와 환경 운동을 겸하고 있는 것이므로 대단한 자부심을 갖고 적극적으로 판매할 것이다.

세일즈를 오랫동안 잘하는 사람들은 1등 제품과 서비스를 제공하는 회사의 파트너인 경우가 많다. 떳떳하기 때문에 긍지와 보람을 갖고 오랫동안 잘 파는 것이다. 그리고 그들은 자신이 판매하는 상품을 먼저 사서 장단점을 확인하고 내 상품에 대한 믿음을 가지고 그 신뢰를 판다.

제품과 서비스에 대하여 내가 가진 정보가 좋은 것이라면, 타인의 삶을 개선시키고 보다 나은 세상을 만들기 위하여 세일즈를 해야 한다. 그에 따른 보상으로 그들은 부자가 될 것이다.

대기업은 빅데이터를 활용하여 우리가 시간으로 바꾼 돈을 한 푼이라도 더 앗아가려고 갖은 수단과 방법을 동원하지만, 우리는 어떻게 그들의 테크닉에 넘어갔는지도 모른 채 소비생활을 한다.

지그 지글러의 저서『클로징』과 니콜라 게겐의 저서『소비자는 무엇으로 사는가』, 그리고 댄 애리얼리, 제프 크라이슬러의 저서『부의 감각』은 돈에 대한 생각을 이성적으로 할 수 있도록 도움을 줄 것이다.

그리고 세일즈 기법과 소비자의 심리에 대하여 많은 것을 이해할 수 있을 것이며, 부(富)에 대한 감각(感覺)을 키울 수 있을 것이다.

세계적인 미래학자 다니엘 핑크는 저서『파는 것이 인간이다』에서 "누구나 무엇인가를 팔고 있다. 세일즈 전성시대가 온다. 정보와 지식을 전달하는 것을 포함하여, 사람의 마음을 움직이는 모든 일이 세일즈다. 그리고 '세일즈 마인드'가 기업가 정신이다."라고 말한다.

지그 지글러는 한 발 더 나아가 "인생 자체가 따지고 보면 세일즈다."라고 말했다. 나는 지그 지글러와 다니엘 핑크가 주장하는 세일즈와 기업가 정신을 실제로 경험하고 있어서 '비판매 세일즈'란 단어가 시리도록 가슴에 와 닿는다.

내가 가까이서 보는 '산증인' 월드와이드 그룹 안전드림패밀리 탑 리더를 인용하는 것이 너무나 영광스럽다. 사진을 보는 것만으로 동기가 부여되어 반가워하고 자부심을 느낄 독자가 있을 것이라는 사실을 믿어 의심치 않는다.

전숙·안을현 탑 리더는 지식, 정보, 경험을 세일즈 하여 즉, 비판

꿈꾸는 소비

매 세일즈로 20년 만에 한국 암웨이에서 "패밀리"를 이루었다. 20년이란 시간은 결코 길지 않다. 나의 승선 생활 14년, 카센터 15년, 공인중개사 10년에 비하면 절반밖에 되지 않는 짧은 시간이다.

이제 시스템 소득을 가진 부자로 나를 비롯한 오백여 명 리더의 스승(멘토)으로 그들의 성공을 돕고 있으며 전남 순천을 기반으로 전국적으로 활동을 하는, 명망(名望)이 있는 Amway Business Owner(ABO)이다.

적자생존의 화폐경제에서는 경쟁으로 인하여 인생의 최고의 순간이 곧 하락의 시점이지만, 비화폐경제에서는 상생(相生)이 기본이므로, 그러한 염려 없이 무한성장이 가능하다는 점이 이 사업의 커다란 매력이다.

우리는 부자들이 하는 일을 하지 않고서는 부자가 될 수가 없다는 사실을 뼛속 깊이 새겨두어야 한다. 부자들이 무슨 일을 하는지도 모른 채 부자가 되겠다고 생각하거나 꿈을 꾼다면 망상에 지나지 않는다.

한국 암웨이의 WWDB-FCAA에는 2019년 1월 1일 현재 7개의 그룹과 관련된 10개의 패밀리가 있다. 나는 월드와이드그룹의 모든 탑 리더를 멀리서, 또는 가까이서 얼굴을 보았다.

모든 그룹의 탑 리더와 패밀리의 탑 리더는 표 11-1의 'Member, Franchise'와 'Sales'라는 부자들이 하는 일을 했기 때문에 '루비 페인'이 말하는 8가지 자원을 가진 부(富)를 이뤘고, 끝이 어딘지 모를 정상(頂上)의 길을 걷고 있으며, 타인의 삶을 개선시키고 보다 나은 세상을 만들기 위해서 헌신하고 있는 것으로 나는 알고 있다.

부자들은 자기 밭을 일구고, 씨앗을 뿌리고, 나무를 심은 후 열매를 수확하고, 그 수확물(收穫物)을 판매한다. 반면에 가난한 사람들은 남의 밭을 일궈주고, 남의 씨앗을 뿌려주고, 남의 열매를 수확해주고받은 품삯으로 그들의 수확물을 구매한다. 결국 가난한 사람들은 자기들의 시간 자산을 부자들의 제품을 구매하는 데 쓰면서 사는 것이다.

밭 한 뙈기조차 가진 것 없는 서민이 부자가 되려면 정보, 지식, 제품, 경험, 서비스 등을 팔아야 한다. 단지 일을 하는데 드는 힘이나 수고인 품(稟)을 남을 위해 팔아서는 결코 부자가 될 수는 없다.

정말로 부자가 되기를 원한다면 수확하는 것보다는 '심고 뿌리는 것'에 품을 팔고, '세일즈'를 하여야 한다.

CHAPTER

12

속도의 충돌

집단 간 속도의 충돌이 주는 영향은
무엇인가?

개인과 집단, 그리고 이들 상호 간의 속도의 충돌은 갈등을 야기하며, 이러한 현상은 정보를 수용하고 활용하는 시차에 의해서 발생한다.

앨빈 토플러는 저서 『부의 미래』의 3부인 「시간의 재정렬」에서 속도의 정렬과 충돌에 대하여 서술하며, 세계가 직면하고 있는 위기상황이 속도의 충돌 때문임을 밝힌다.

경제발전의 속도를 사회제도나 정책 등이 보조하지 못하기 때문이라는 것이다. 이것은 시간, 공간, 지식이 어우르는 새로운 혁명의 시대에 시간을 생각 없이 다뤄서 생겨난 문제라고 한다.

이 책은 미래의 부(富)가 어떻게 변화하고 우리의 삶에 어떤 영향을 미칠지 예견한 책이다. 단순히 경제학적 관점에서의 부가 아닌, 문화와 문명이라는 좀 더 커다란 구조 속에서 우리 생활 곳곳에 영향을 미치는 부가 어떻게 형성되고, 어떻게 변화하며 또 어떻게 이동하는지 등을 제시한다.

단순히 우리 삶의 변화에 대한 예측에 그치지 않고 거대한 부의 혁명 안에서 우리가 살아남기 위해 무엇을 해야 하는지도 조언해주며, 미래의 부정적 측면을 빠뜨리지 않으면서도 희망적 메시지를 보여준다.

꿈꾸는 소비

표 12-1 속도의 정렬

단위	속도	집단
마일	100	미국의 기업, 사업체
	90	시민단체, 비 정부기구(NGO)
	60	미국의 핵가족
	30	노동조합
	25	정부관료조직, 규제기관
	10	미국의 학교
	05	세계적인 관리기구, 유엔(UN)
	03	정치조직
	01	법과 법률기관(법원, 변호사회, 법과대학원, 법률회사)

속도의 충돌이란 기업이 빠른 속도로 변하고 있는데 비해 다른 분야가 이를 따라가지 못해 결국 속도의 충돌을 야기함으로써 경제 발전의 저해요인이 된다는 것이다.

가장 빠르게 변화하는 집단인 기업이 100마일의 속도로 나아갈 때, 학교는 10마일, 법은 1마일로 나아가는 현상을 말한다.

이러한 현상은 같은 집단 내에서도 진보 성향이냐, 보수 성향이냐의 차이에 따라 극명하게 나타난다.

여기서의 속도는 시대의 변화를 앞서가거나 따라가는 속도이다. 고속도로를 질주하는 자동차에 비유하면 30마일 이하로 달리는 집단의 자동차의 경우, 1분 후에는 100마일의 속도로 달리는 자동차의 백미러에도 나타나지 않는다.

연구개발(R&D)센터를 가지고 있는 대기업 집단은 기술개발을 비롯하여 인간, 문화, 사회, 그리고 시대를 연구하고 있어서 최고의 속도로 시대를 앞서가고 있다.

그들을 감시하여야 하는 NGO 또한 최선을 다해 추격하고 있으며, 미국의 핵가족은 평균 이상의 속도로 추격한다.

선두의 1/3의 속도 이하로 가고 있는 노동조합과 정부 관료조직은 최고속도로 가는 기업집단을 이해하지 못하여 매사에 갈등을 야기하고 있고, 학교는 겨우 걸어가는 속도로 따라가는 중이다.

학교 교육이 직장에 취업하고 승진하는데 필요한 자격과 기술을 제공하고 있다고 믿으며 성장한 학생들이 기업이 요구하는 여건에 맞지 않아서 취업하지 못하고, 취업을 해도 수개월씩 사내교육을 받는 현상이 이런 속도의 충돌 때문이라는 사실을 인식해야 한다.

시대의 변화를 실감하지 못하고 10마일의 속도에서 교육받은 학생들은 겨우 25마일의 속도로 기업을 쫓아가고 있는 정부 관료조직만 시야에 들어온다. 그 때문에 관료가 되기 위하여 한 평 남짓한 고시원에서 머리를 싸매고 있는데, 이것도 속도의 정렬이 주는 영향이 크다.

10마일의 속도로 따라가면서도 이러한 현상을 인지한 일부 유명 대학교는 선두그룹에 적응할 인재를 키우기 위해서 국제적인 마이크로 칼리지를 운영하고 있으니 관심을 가질 필요가 있다. 마이크로 칼리지의 프로그램에 관심을 가져야 하는 이유는, 이수한 사람에게 채용의 기회를 주는 회사가 있기 때문이다.

속도의 충돌이 주는 영향을 이해하지 못하고 시대의 변화를 학습하지 않으면 취업하기도, 사업을 지속하기도, 현재의 직장을 유지하기도 어렵다. 시내의 중심지나 번화가의 부동산 공실(空室)이 늘어나고, 지나간 산업시대에 각광받던 사업을 하는 자영업자의 수입이 감소하고, 폐업이 증가하는 것도 시대의 변화 때문이라는 사실을 이해

하지 못하면 나의 부족함을 정부(政府)와 타인에게 돌리는 불평분자
가 될 수밖에 없다.

표 12-2 직업과 생산요소의 매칭

    현재 내가 하는 일이 표 12-2와 같은 시대가 요구하는 생산요소와
관련된 것이 많지 않다면 속도의 정렬에 의하여 곧 도태될 수 있다.
때문에 나의 직업이 이 시대의 생산요소와 매칭이 되도록 업데이트
하는 것이 중요하다.

속도 1마일의 법이 끼친 영향

    인간이 되기 위한 자립학습에 경제가 있고, 경제의 한 축은 유통
이다. 지금까지도 유통시장에 많은 혼란을 야기하고 있고 아직도 인
식이 부족하며 사기가 만연한 다단계판매를 예로 들어 속도 1마일
의 법이 미치는 영향을 살펴본다.

    1981년 9월 30일 독인 바덴바덴에서 88년 올림픽 유치에 온 힘을

기울인 일본의 나고야를 제치고 제24회 하계올림픽 개최지로 우리나라의 서울이 결정되는 기적 같은 결과가 있었다.

88 서울 올림픽 개최 결정은 우리나라를 전 세계에 알리는 계기가 되었고, 한국의 인지도가 높아짐에 따라 선진국 마케팅의 관심거리가 되었다.

선진시장은 한 나라의 경제수준에 따라서 점진적으로 도입되지만, 일본의 다단계 시장은 우리나라의 경제수준을 고려하지 않고 미리 상륙해 우리의 정(情)문화와 어울리면서 많은 부작용을 일으켰다.

앨빈 토플러는 법이 가장 뒤처져서 시대를 따라가고 있다고 말했다. 제도적인 뒷받침인 법이 없는 상태에서는 합법도 없고 불법도 없다. 그래서 우리나라는 다단계 피해가 더 양산되었던 것이다.

1979년 암웨이(Amway)가 일본에 진출하여 "4개월 만에 가정용 세제시장의 40%를 점유했다."고 한다. 우리나라와 마찬가지로 당시에는 국산품 사용이 애국이라는 생각을 가진 일본은 '재팬 암웨이'에 대항하기 위하여 비슷한 회사를 만들었는데, 그것이 다단계 판매회사 "재팬라이프"라는 것이다. 비슷한 것을 같다고 오해하면 안 된다.

우리나라도 숭민코리아를 비롯하여 일본을 모방한 많은 다단계 판매회사가 생겼고, 당시 이러한 회사를 통제할 제도적인 법이 제정되어 있지 않아서 많은 사람들이 피해를 입기도 했다.

1991년에 법이 제정되어 현재는 한국직접판매산업협회, 직접판매공제조합, 한국특수판매공제조합 등이 보호와 홍보를 하고 있음에도 불구하고 교육과 인식의 부재로 인하여 아직도 피해를 보는 사람들이 있다.

　1989년 암웨이가 한국에 현지법인(現地法人)을 설립하였다. 그러나 그때도 법이 없었다. 합법적으로 사업을 하고 싶은 암웨이는 법이 제정되기를 기다리며 준비를 하였고, 1991년 마침내 불완전하지만 "방문판매 등에 관한 법률"이 제정되어 "한국 암웨이"라는 이름으로 1991년 5월부터 영업을 시작하였다.

　한국 암웨이가 세제 5종류를 가지고 영업을 시작하자 우리나라의 세제 시장은 과민반응을 했는데, 이는 일본이 겪은 상황을 알았기 때문이라고 본다.

　현지법인이란 "자국의 자본만으로 외국법에 의거하여 외국에 설립된 외국 국적의 회사 법인"이므로 한국 암웨이를 해석하면 '미국의 자본만으로 한국의 법에 의거하여 한국에 설립된 한국의 회사 법인'이다.

　삼성 미국법인이나 현대 미국법인이 우리나라 회사인가? 아니다. '한국의 자본으로 미국의 법에 의하여 미국에 설립된 미국의 회사'이다. 삼성과 현대는 오직 대주주일 뿐이다.

　우리나라에 들어와 있는 외국의 현지법인은 우리나라의 경제에 보탬이 되는 우리나라 회사이기 때문에 '안티'할 일이 아니라, 환영하고 권해야 한다. 투자자가 투자에 따른 이익배당금을 가져가는 것은 당연한 것이다.

　1993년을 전후로 불법 다단계, 즉 피라미드 영업이 활개를 치자 대통령의 특명으로 대대적인 정부의 단속이 있었다. 그때 경쟁업체는 협회를 만들고, 매스컴을 동원하여, 합법도 불법도 모두 한 바구니에 담아 매도하였다. 결국 이 행동이 많은 국민에게 편견을 심어주었다고 생각한다.

아직도 많은 사람들이 옛 기억에서 벗어나지 못해 네트워크마케팅을 이해하려고 하지 않고 있다. 요즘엔 강가에서 자라를 구경하기도 힘들고, 가정에서 까만 무쇠 가마솥을 구경하기도 어려운데도 "자라 보고 놀란 가슴 솥뚜껑 보고 놀란다."고 다단계라고 하면 가슴부터 쓸어내리는 사람이 있다.

우리의 주방에는 고기칼, 생선칼, 야채칼, 과일칼, 빵칼 등 여러 종류의 식칼이 있다. 모두가 편리하도록 용도에 맞게 만들어진 것이다. 그러나 이들이 용도를 벗어나면 사람을 살상케 하는 흉기가 될 수 있다.

우리는 이 같은 사실을 알면서도 유용하고 편리하기 때문에 이들을 사용한다. 모든 식칼이 흉기로 사용되는 것이 아니듯이 모든 다단계판매가 피라미드 사기는 아니다. 도구의 효용은 쓰는 사람의 손에 달려있다.

시대에 가장 적응하지 못하는 법은 지금도 단일법을 제정하지 못하여 많은 분야에서 충돌을 일으키고 있다. 아직도 '방문판매 등에 관한 법률'에 다단계 판매도, 네트워크마케팅도 묶여있다. 단일법이 필요한 시점이다.

표 12-3 미래의 속도 요약

내용	
1	지금은 산업혁명보다 10배나 빠르게 변화한다.
2	익숙한 것을 버려야 미래가 보인다.
3	지금 알고 있는 것을 버리고 새로운 것을 받아들일 때다.
4	급속한 기술이 소비자의 힘을 강화시킨다.
5	유통의 한계비용이 제로수준으로 된다.
6	네트워크를 이용하는 사람들이 더 많은 가치를 창출할 수 있다.

표 12-3은 리처드 돕스 등 『미래의 속도』 공동저자가 속도의 변화와 수용(受容), 그리고 우리 개인소비자에 대하여 언급한 내용을 요약한 것이다. 시대의 변화를 통찰하는 사람에게는 변화는 위기가 아니고 기회이고, 지금까지 경험하지 못했던 다른 세상으로 넘어가는 기적의 다리로 보일 것이다.

그러나 변화를 두려워하는 사람에게는 결코 반갑지 않은 시대가 산업혁명보다 10배나 빠른 속도로 다가온다고 하니 그 충격이 엄청나게 클 것이다.

우버(Uber)나 에어비앤비(airbnb)로 인해 우리나라도 벌써 택시와 숙박업에서 속도의 충돌로 인한 마찰이 싹트고 있다. 분명한 사실은, 구시대 사업에 종사하는 사람들이 아무리 발버둥을 쳐도 결국은 쇠퇴의 길을 걷는다는 것이다.

수명을 다소나마 연장하기 위해서 거리에 나와 시위를 하면서도, 한편으로는 대안을 찾는 것이 바람직하다. 다가올 미래를 어떤 모습으로 만날지는 전적으로 변화를 어떻게 수용하는가에 달려있다.

어마어마할 충돌을 가져올 변화는 이미 시작되고 있다. 요즘 나오는 가전제품은 대부분 Wi-Fi 기능이 장착되어 인터넷과 연결되고 있다. 사물인터넷의 시작이다. 4차 산업시대의 실체가 생활에 파고들고 있는 것이다.

나는 1989년에 지금은 존재하지 않는 ㈜한진해운에서 최첨단 컨테이너선박 무선통신사로 근무를 하다가 사직을 했다.

오늘날은 모든 선박에 위성통신기기가 설치되어 있지만, 당시에는 최첨단 컨테이너선박에나 겨우 위성통신기기가 장착되기 시작하는 시절이고, 휴대전화기는 무전기 수준으로 어깨에 메고 다녔다.

내가 위성통신기기를 취급하는 1급 통신사이다 보니 들은 것은 있어서, 미래는 상대방의 얼굴을 보면서 작은 휴대전화기로 통화를 한다고 친구와 지인들에게 말을 하면서도 내 생전에 그렇게 되리라는 생각은 하지도 못했다.

그리고 그러한 변화가 그렇게 빨리 나의 직업을 뺏어갈 줄도 몰랐다. 내가 사직한 후 얼마 지나지 않아서 위성통신기술을 활용한 세계적인 해난구조 시스템(GMDSS, Global Maritime Distress and Safety System)이 설치된 선박은 항해사가 통신사를 겸하게 된 것이다.

급속한 변화에 따른 노동의 종말은 나만의 것이 아니기 때문에 머지않아 많은 분야에서 많은 사람들이 이것을 경험하게 될 것이다. 우리가 이러한 사실을 알면서도 준비하지 않는다면 그 결과도 예측할 수 있다.

마태복음 25장 6절~10절

6. At midnight the cry rang out: 'Here's the bridegroom! Come

out to meet him!'

밤중에 소리가 나되 보라 신랑이로다 맞으러 나오라 하매

7. Then all the virgins woke up and trimmed their lamps.

    이에 그 처녀들이 다 일어나 등을 준비할 새

8. The foolish ones said to the wise, Give us some of your oil; our lamps are going out.

    미련한 자들이 슬기 있는 자들에게 이르되 우리 등불이 꺼져가니 너희 기름을 좀 나뉘 달라 하거늘

9. 'No', they replied, there may not be enough for both us and you. Instead, go to those who sell oil and buy some for your-selves.

    슬기 있는 자들이 대답하여 이르되 우리와 너희가 쓰기에 다 부족할까 하노니 차라리 파는 자들에게 가서 너희 쓸 것을 사라 하니

10. But while they were on their way to buy the oil, the bride-groom arrived. The virgins who were ready went in with him to the wedding banquet. And the door was shut.

    그들이 사러 간 사이에 신랑이 오므로 준비하였던 자들은 함께 혼인 잔치에 들어가고 문은 닫힌지라.

CHAPTER

13

소득의 종류

시스템소득(자본소득)을 어떻게 얻을 것인가?

우리가 자본소득을 원하는 근본적인 이유는 자유를 얻기 위한 자립이며, 우리의 노동력은 한계가 있어서 언젠가는 일을 할 수 없는 시기가 도달하고, 설상가상으로 기대수명이 점점 늘어나서 노후를 염려해야 하기 때문이다.

결국 지속가능성을 고려해 보면 수입의 양보다는 수입의 속성에 의하여 삶의 질이 달라질 수밖에 없다. 삶의 질을 결정하는 것은 절대로 많은 수입이 아니다. 그저 동화 속에 나오는 요술 항아리의 쌀처럼 한 되를 퍼내면 또 한 되가 꾸준히 나오는 시스템을 가진 수입이 필요하다.

자본소득이 없다는 것은 가난하다는 의미이며, 그 가난은 대물림되는 경우가 많다. 우리는 이러한 사실을 알고 있지만, 현상을 유지하기도 벅차기 때문에 생각의 범위가 좁아져서, 다른 길을 모색하지 못하고 "어떻게 되겠지!" 하는 마음으로 현실을 수용하거나, 오직 걱정만 하며 살기도 한다.

표 13-1 소득의 구분

소득의 종류는 토마 피케티가 그의 저서『21세기 자본』에서 언급하듯이 노동소득과 자본소득으로 구분하며, 좀 더 구체적으로 표시하면 표 13-1과 같다.

대부분의 사람들이 근로소득(노동소득)으로 생계를 꾸려가고 있으며, 그것은 퇴직을 하거나 신체적 정신적으로 장애를 가져 일자리를 잃게 되면 나오지 않는 소득이므로 임시소득이다.

자본소득을 얻기 위해서는 사업을 하여야 한다. 그러나 사업은 판매와 달리 누구나 할 수 있는 것이 아니고, 오직 자본을 가진 능력자만이 할 수 있다. 만약 자본을 갖지 못한 사람이 사업을 시작하려면 우선 자본을 마련해야 하는데, 그 자본이 오직 '돈'이라면 사업을 할 수 있는 사람은 제한적일 것이다.

다행히 지금은 사업자본이 시간과 공간과 지식인 시대이므로 이것을 밑천으로 사업을 시작할 수 있다.

우리가 자본소득을 얻기 위한 사업을 원한다면, 우선 사업하는 방법을 배워야 한다. 그 배움이란 시간을 투자하여 지식을 쌓고, 소통할 수 있는 공간을 만들고, 연결하는 기술을 습득하는 것이다.

어디 부자 되기가 쉬운가, 금융자본이 없는 사람은 생계에 종사하는 시간을 할애하여, 즉 시간을 만들어서 배우지 않고서는 사업으로 성공할 수가 없다는 사실을 먼저 깨달아야 한다.

표 13-2 소득의 종류

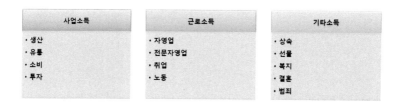

사업소득	근로소득	기타소득
• 생산	• 자영업	• 상속
• 유통	• 전문자영업	• 선물
• 소비	• 취업	• 복지
• 투자	• 노동	• 결혼
		• 범죄

우리가 얻는 모든 소득은 표 13-2의 범주에 들어있다. 사업소득의 '소비'를 제외하고는 모두가 화폐경제에 진입하기 위하여 필요한 것이다.

사업소득은 생산과 유통시스템을 만들고, 투자를 해야 얻을 수 있는 소득이므로 자본소득이다.

근로소득은 자영업을 하거나 취업을 하여 노동시간을 돈으로 바꾼 것으로 임시소득이다.

기타소득 중에서 상속이나 결혼으로 인한 자본소득을 얻을 수 있는 사람이라면 둘 다, 아니면 둘 중의 한 명은 이미 자본소득자일 것이지만 이러한 경우는 흔하지 않다.

복지혜택은 겨우 기본생계를 보조하는 수단이고, 범죄로 평생수입을 얻을 수는 없으며, 선물은 꿈이 있는 자에겐 지렛대로 작용하겠지만 꿈이 없는 자에겐 불행을 안기는 걸림돌로 작용할 수도 있다. 세계적인 동기부여가 지그 지글러는 저서 『정상에서 만납시다』

꿈꾸는 소비

에서 선물의 부작용에 대하여 구체적 예를 들어 언급하였다.

생산, 유통, 투자로 얻을 수 있는 사업소득은 자본이 있는 사람이 할 수 있는 영역이다. 그러나 그중에서 생산은 자본이 없는 사람도 가능한데, 아이디어인 저작권과 특허가 대표적으로 지적 자본수입(권리수입)이다.

사업소득 중에서 '소비'로 권리소득을 만든다는 것에 대해서는 이해가 필요하다. 이것은 비화폐경제와 관련이 있고, 이것을 이해하기 위해서는 시대의 변화와 생산요소의 변화를 학습하여야 하며, '이해'가 융합시대의 생산요소 중 하나라는 사실을 알지 못하면 진입하기도, 이해하기도 어렵다.

여기서 언급한 '이해'를 이해하는 것이 만만한 일이 결코 아니다. 데이비드 호킨스 박사의 의식지도를 보면 알 수 있듯이 '이해'는 의식의 밝기 400수준에 해당된다. 이성적이고, 지혜로우며, 의미 있는 삶에 관점을 두고, 개별의 사물이나 표상(表象)에서 공통된 속성이나 관계 등을 뽑아내는 수준에 도달해야 가능하다.

표 13-3 용어의 정의

구분	내용
사업	· 어떤 일을 일정한 목적과 계획을 가지고 짜임새 있게 지속적으로 경영함 · 주로 생산이나 영리를 목적으로 지속하는 계획적인 경제활동 · 비영리적인 일정한 목적으로 지속하는 계획적인 경제활동
경제	· 인간 생활에 필요한 제품과 서비스를 생산, 분배, 소비하는 모든 활동

사업과 경제에 대하여 표 13-3과 같이 정의하기 때문에 이를 근거로 사고(思考)를 넓혀 보면 다른 해석이 가능하다.

즉

계획적이고 지속적인 생산활동이 사업이고,

계획적이고 지속적인 분배활동이 사업이며,

계획적이고 지속적인 소비활동이 사업이다.

생산이 사업이고 분배(유통)가 사업인 사실을 모르는 사람은 없겠지만, 계획적이고 지속적으로 소비활동을 해도 사업이 된다는 사실을 아는 사람은 많지 않을 것이다.

이것을 이해하기 위해서는 다단계 판매사업과 네트워크마케팅 사업을 학습해야 한다. 다단계 판매사업과 네트워크마케팅 사업의 차이는 자라가 거북이가 아닌 것과 같다. 판매는 오직 판매이고 마케팅은 마케팅이다.

우리는 어떤 것에 대하여 듣거나 이해한 것을 안다고 하는 것과, 충분히 학습하여 경험한 것을 안다고 하는 것에는 많은 차이가 있음을 알아야 기회를 잡고 발전할 수가 있다. 단지 들은 것과 이해한 것을 안다고 착각하면 편견이 생기고, 그 편견을 토대로 판단하면 실수하는 경우가 대단히 많다.

나는 음악을 들으며, 가수와 연주자도 좋아하고, 노래도 부를 수 있지만 학습하지 않았기 때문에 악보를 보고도 연주할 수 없으며, 악보의 의미도 모르므로 음악을 안다고 할 수가 없다.

이렇듯 어떤 것에 대하여 충분히 학습하지 않았다면 전혀 모르는 것인데도 우리는 안다고 착각하는 경우가 많다. 겉이 노란 수박의 속이 노란 경우도 있지만, 겉이 파래도 속이 빨간 수박이 있다.

경제개념이 부족한 사람을 현혹하기 위하여 다단계 판매도 네트워크마케팅이라고 하는 경우가 있는데, 다단계 판매에서 말하는 네트워크란 '판매원 망'을 의미하고, 네트워크마케팅에서 말하는 네트워크는 '소비자 망'을 확장하기 위한 마케팅을 의미한다. 판매와 마케팅을 확실히 이해하려면 용어의 정의부터 이해하는 것이 바람직하다.

판매는 값을 받고 상품을 파는 단순한 한 가지 행위이다. 그러나 마케팅(marketing)은 소비자에게 상품이나 서비스를 효율적으로 제공하기 위한 체계적인 경영활동으로 시장조사, 상품화 계획, 선전, 판매 등이 이에 속하며, 소비자에게 최대의 만족을 주고 생산자의 생산목적을 효율적으로 달성시키는 것을 목표로 한다.

다단계 판매가 진화해야 네트워크마케팅이 된다. 그래서 네트워크마케팅 회사인 척하는 다단계 회사가 많다. 너도 나도 '네트워크마케팅 회사'라고 하니, 진위를 가리는 것은 우리 소비자가 해야 할 몫이다.

다단계 판매회사의 판매원과 대리점과 총판은 '판매 마진'이 있어서 자본을 투자하여 사업을 할 수도 있다. 그러나 네트워크마케팅 회사의 사업자는 '판매 마진'이 없어서 자본을 투자하여 사업을 할 수가 없다.

왜냐하면 생산자와 소비자가 직접 연결되기 때문이다. 그들의 시스템은 지식과 정보와 경험을 유통하고 광고하여 소득을 얻는 것이지 제품을 판매하여 마진을 챙기는 체계가 아니다.

제러미 리프킨은 일반경제(화폐경제)에서의 광고는 "재산이 인간을 평가하는 기준이라는 생각을 알리고, 세상에서 개인의 정체성을 형성하는데 상품과 서비스가 필수적인 것이다."라고 정의한다.

반면 프로슈머경제(비화폐경제)에서 프로슈머 사업자들이 하는 광고는 "다른 사람이 당신에게 해주기를 바라는 대로 당신도 타인에게 해줘야 한다."는 황금률이다. 즉 "타인이 돈을 벌게 해줘야 나도 돈을 벌 수 있다."는 의미로 개념이 다르다.

표 13-4 사업가 진입조건

진입 조건	사업의 구분	요구 조건
창업한다	Strat-Up(스타트 업)	아이디어
구매한다	Franchise(프랜차이즈)	자본
참여한다	Network Marketing(네트워크마케팅)	용기

사업가란 사업을 계획하고 관리하며 운영하는 사람이며, 그들은 체계적으로 짜서 이뤄 놓은 조직과 제도를 통해 소득을 얻고 있다. 사업가가 되기 위해서는 창업을 하거나, 기존의 회사를 인수하거나, 파트너로 참여하는 방법이 있다.

프랜차이즈 사업과 네트워크마케팅 사업은 파트너로 참여하는 사업에 해당되지만, 프랜차이즈 사업은 초기비용이 많이 들고 네트워크마케팅은 초기비용이 미미하다는 차이가 있다.

사업을 한다는 것은 '과일나무를 심는다'는 의미이고, 직장생활을 한다는 것은 '남의 과일나무 열매를 수확해 준다'는 의미이다. 때문에 언제 그만두라고 할지는 과일나무 주인도 잘 모른다.

표 13-5 현금흐름사분면 〈로버트 기요사키〉

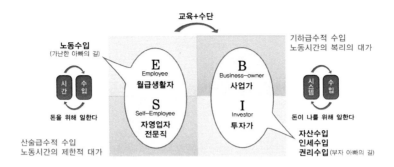

로버트 기요사키는 1997년 그의 저서『부자 아빠 가난한 아빠』에서 표 13-5와 같은 "현금흐름의 4분면"으로 소득의 특성에 대하여 자세히 서술하였다. 부자들의 수입과 가난한 자들의 수입은 속성이 다르다는 것이다. 그는 자산수입의 중요성에 대해 언급하며 자산수입을 가진 자가 '부자'라고 정의한다.

자산은 시스템 소득이다. 그리고 시스템 소득을 가진 자는 시간노동으로부터 자유롭다. 왜냐하면 시스템은 1) 외부로부터 힘에 의해 동작하는 일련의 자동 기계장치 2) 어떤 목적을 위하여 체계적으로 짜서 이룬 조직이나 제도이므로 시스템 소득이란 자동 기계장치가 벌어주는 소득이고 체계적인 조직이나 제도가 벌어 주는 소득이기 때문이다.

자산이란 경제적 가치가 있는 유형 또는 무형의 재산을 말하며, 경제적 가치가 있다는 것은 생산하고 유통하고 소비할 수 있는 '자원'이라는 의미이다.

반면 재산은 교환가치가 있는 돈과 사물을 의미하므로 교환하고 소비할 수 있을 뿐이다. 이러한 이유로 우리는 재산을 이용하여 시스템자산을 만들려고 많은 노력을 한다.

4분면 표에서 E와S 영역은 〈시간 × 노동력 = 임금〉으로 단가만 다를 뿐이지 일시적 소득, 즉 일하지 않으면 나오지 않는 소득이며 나의 시간과 노동력으로 돈을 교환하는 소득으로 하루하루 길어다 먹는 물동이 소득이며, 이것으로는 절대로 부자가 될 수 없는 소득이라고 한다.

부자들은 B와 I 영역에서 소득을 얻는데, 이는 시스템을 가진 사업체로 시스템이 일을 하여 소득을 창출하기 때문에 나의 시간과 노동력에 관계없이 꾸준히 발생하는, 마치 상수도 파이프라인에서 나오는 물과 같은 소득이라는 것이다.

로버트 기요사키의 현금흐름 4분면의 좌측(ES)이 노동소득이고, 우측(BI)이 자본소득(권리소득)이다. 로버트 기요사키는 비즈니스 영역은 부자들이 자산수입을 얻는 영역이라고 했으며, 부자가 되려면 사업의 영역으로 이동하라고 말한다. 우측(BI)영역으로 이동하기 위해서는 교육과 수단이 필요하다.

로버트 기요사키의 말에 주목하는 이유는 소득의 속성을 4분면이라는 표로 쉽게 설명하고 있고, 네트워크마케팅이 사업의 영역임을 설명하며, 아이디어나 자본이 없어서 창업을 못하거나 자본이 없어서 기존의 회사나 시스템이 있는 프렌차이즈 사업의 구매가 여의치 않은 사람들에게 시스템이 구비된 기존의 회사에 참여하여 동반자가 되는 것에는 용기만 필요하다고 말하고 있기 때문이다.

현금 흐름의 사분면에 대하여 이해했다면, 네트워크마케팅 사업이 시스템 사업의 영역이라는 사실을 알 수 있을 것이다. 네트워크 마케팅 사업으로 큰 부자가 되고 안 되고는 개개인의 능력에 많은 차이가 있기 때문에 부차적인 문제이다.

우리가 목적지에 도달하기 위해 가장 중요한 것은 방향성이고 성공할 가능성이다. 이 사업에서 실패하는 유일한 방법은 '포기하는 것'이다.

스탠 비첨은 『엘리트 마인드』에서 "성공에 이르는 길은 무수히 많다. 하지만 실패하는 길은 포기, 단 하나뿐이다."라고 말한다. 네트워크마케팅 사업은 조건과 제한이 없기 때문에 포기할 핑계거리를 찾는 것도 참 난감하다.

스티븐 코비는 "오늘날 제품에 부가되는 가치의 2/3은 지식노동에서 나온다."고 말했다. 그리고 네트워크마케팅은 그 지식노동의 하나이다.

부의 원천인 금융자본, 즉 돈은 지적 사회적 자본으로, 다시 말해 사람으로 이동하고 소유에서 접속으로 이동한다. 네트워크마케팅은 접속이다. 이에 관하여 도움이 되는 책으로 제러미 리프킨의 저서 『소유의 종말』, 『한계비용 제로사회』가 있다.

우리는 네이버, 다음, 카카오톡, 트위터, 구글, 페이스북, 유튜브 등 수많은 SNS 플랫폼과 접속하며 정보를 얻고, 공유하고, 재생산하고 있다. 사람이 자본인 시대에서 SNS 회원인 우리는 그들의 자본이며, 그들은 자신이 유통하지 않고도 소비를 확대시키고 있다.

많은 사람들이 이같은 플랫폼을 이용하면서도 그것이 곧 그들의 자본임을 깨닫지 못하고 오직 소비활동에 치중하고 있다. 그런가 하면 이것을 이해한 사람들은 그들의 사업파트너가 되어 생산활동으로 수익을 올리고 있다.

21세기 연결시대를 사는 우리는 어떤 사업 분야에서 '연결'이란 말을 들으면 가능성과 기회로 가득 찬 새로운 세계로 들어가는 통로가 연상되어야 하고, 이를 학습할 자세를 갖추어야 한다. 비화폐경제하에서는 저축한 목돈이 없어도 자산을 만드는 수단이 있기 때문이다.

사람이 자본인 시대에는 타인의 자산인 회원으로 삶과 동시에 나의 회원을 모집하여 나의 자산을 만드는 삶을 살아야 한다. 시대가 아무리 바뀌어도 "세상의 시작과 끝에는 사람이 있다."는 사실을 인식하여 나와 상호작용 하는 회원(Member)의 중요성을 알아야 한다.

다단계 판매와 네트워크마케팅을 혐오거래로 생각하는 사람들을 봤다. 다니엘 핑크는 혐오거래란 "기를 쓰고 거래를 하려는 사람이 있는가 하면, 그런 거래를 보고 싶어 하지 않는 사람이 있는 거래." 라고 말한다.

문제는 혐오거래라고 생각하는 사람이 대부분 혐오하는 이유를 제대로 밝히지도, 알지도 못한다는 것에 있다.

혁명적인 부(富)와 그와 동반되는 사회 문화적인 변화를 수용하지 못한 기득권 세력은 이러한 변화가 오랫동안 유지해왔던 본인들의 경제적·정치적 이익을 위협하므로 생사를 걸고 반발하고, 안티(Anti)

행동을 한다.

그들은 갖은 수단을 동원하여 대중을 현혹시키는데, 그 기술이 너무나 뛰어나고 집요하기 때문에 무지한 대중은 무엇이 득인지도 모른 채 그들의 동조자가 되어 기회를 저버리고 오히려 혐오한다.

내가 네트워크마케팅이라고 말할 때 듣는 일반적인 대답은 "혐오 거래", "다단계", "판매", "쇼핑몰" 중 하나다.

네트워크마케팅 회사의 보편적인 정의는 '회원제 쇼핑몰'이다. 하지만 거기에 취업할 수 있는 자리가 있고, 파트너가 되어 사업으로 성공할 수 있는 '기회'가 있다는 사실과, 그러한 플랫폼을 갖기를 원하는 최고경영자(CEO)가 많다는 사실을 아는 사람은 드물다.

이것은 유튜브, 네이버, 다음 등도 마찬가지다. 보편적인 면에선 검색사이트이지만, 누구에게는 취업할 자리가 있고, 파트너가 되어 사업으로 성공할 수 있는 기회를 가질 수 있는 플랫폼이다. 이러한 차이가 아는 것과 모르는 것의 차이이다.

정보의 홍수 속에서는 무용지식과 불용지식을 씻어낼 필요가 있다. 주입된 지식을 활용하기보다는 이해한 지식과 경험한 지식을 토대로 판단하여야 한다.

과일나무를 심지 않고서는 매년 열리는 과실을 수확할 수가 없다. 부를 상속받지 못한 사람이 가장 쉽게 심어서 부를 창출할 수 있는 과일나무 중 하나가 바로 심는데 조건이나 제한이 없는 네트워크마케팅 나무이다.

이 나무는 초기성장은 더디지만 기하급수적으로 성장하는 특성을 가졌고, 그 열매는 오직 시간과 지식과 경험만 투자하면 얻을 수 있는 자본소득이고 권리소득이다. 그리고 빼놓을 수 없는 특징은, 여타의 자본소득처럼 네트워크마케팅으로 구축한 시스템소득은 상속이 되어 가난의 대를 끊을 수 있다는 점이다.

우리가 자본소득과 권리소득을 원하는 이유는 경제적, 시간적 자립으로 자유와 공유를 지향할 수 있기 때문이다.

CHAPTER

가계의 덫

개인의 경제사이클에서 함정에 빠지는
위험구간은 어디인가?

부채의 덫

애덤 스미스(Adam Smith)는 국부론에서 개인적 이익을 바탕으로 상호이익을 추구하는 과정이 바로 시장의 작동방식이며, 가장 효과적인 자원배분을 가져온다고 보았다. 인간의 이기적 목적에 의해서 시장경제 체제가 원활하게 작동한다는 것이다.

이와 같은 개인적 이기심을 바탕으로 한 경제체제가 잘 작동할 수 있는 것은 바로 애덤 스미스의 '보이지 않는 손(an invisible hand)' 때문이라고 한다. 시장경제에 있어서 각자가 자기 자신의 이익을 추구함으로써 종종 그 자신이 진실로 사회의 이익을 증진시키려고 의도하는 경우보다 더욱 효과적으로 그것을 증진시킨다는 것이다.

그리고 각 개인이 자신의 이익에 가장 잘 부합하는 선택을 하는 것이 사회적으로 이익이 된다고 한다. 그 이유는 개인이 가장 수익이 높은 업종이나 직장을 선택할 것이고, 그 결과 사회적으로도 수익이 높아져 경제적 효율성이 달성될 것이라고 보았기 때문이다.

그러나 나의 이익을 추구함에 있어서, 나의 이익과 상대방의 이익이 일치되지 않는 곳, 즉 보이지 않는 손이 공정성을 잃는 곳에는 항상 위험이 존재함을 예측해 볼 수 있으며, 보이지 않는 손에는 검은 손도 있고, 흰 손도 존재할 것이다.

검은 손이 화폐경제(일반경제)에서 우리를 덫으로 이끈다. 시장에서 거래 쌍방 중 한쪽만 특정한 정보를 가지고 있는 정보의 비대칭 때문에 다른 한쪽이 덫에 걸려 함정에 빠진다.

표 14-1 가계의 경제사이클

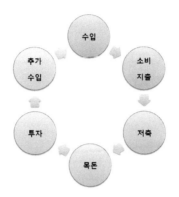

자영업을 포함한 근로소득자의 가정이나 개인의 경제사이클은 표 14-1처럼 수입이 지출로 이어지고, 남는 돈을 저축하여 목돈을 만들어 어딘가에 투자를 하고, 그를 통해 추가수입을 얻어서 수입을 점점 키우는 순방향의 순환이다.

이러한 순환 사이클에서 가계경제의 위험은 추가수입을 얻기 위해서 목돈을 마련하는 것과 투자를 하는 구간에 존재한다.

산업시대의 부모들은 대부분 저축으로 목돈을 마련하여 재산을 불려 나갔기 때문에 투자라는 개념은 극히 일부분의 사람들만 사용하는 개념이었다. 여유가 있어서 추가로 주택을 구입할 때도 부족분만 전세금으로 충당했다.

1990년대는 개인이 신용으로 은행에서 돈을 빌리는 것이 쉽지 않았고, 담보대출도 한도가 크지 않았다. 은행은 주로 기업대출을 했기 때문이다. 지금도 기억하지만 신용카드를 만들 때도 보증인을 세웠고, 자영업을 하면서는 대출보다 가계수표를 썼다.

지금은 본인이 저축한 목돈이 아니라 전세금에 더해 은행에서 빌린 목돈인 부채로 투자하는 세상이 되어버렸다. 그 이유는 우리나라의 근로자가 지출을 저축으로 연결시키는 시스템이 2008년 미국의 금융시장에서 비롯된 세계적인 금융위기를 극복하는 과정에서 망가져 버렸기 때문이다.

한국은행과 금융감독원의 자료에 의하면 우리나라 가계부채는 2018년 2분기 약 1,500조 원이며 여전히 증가추세에 있다. 우리나라 인구를 약 5천만 명으로 추계하면 1인당 부채가 약 3천만 원이라는 것이다.

2018년 정부가 개인의 대출을 규제하는 정책을 시행하며 금리가 상승하고 있는 추세이기 때문에 부채로 인한 개인의 가계경제위험은 더욱 증가할 수밖에 없을 것이다.

대출을 받아서 아파트를 사면서 투자를 했다고 한다. 아파트나 주택은 거주를 목적으로 사고, 건설해야 공공의 이익에 반하지 않는다. 주택은 토지 위에 있고, 토지는 공기나 물처럼 하나님이 우리에게 값없이 줬다는 사실을 기억해야 한다.

주택은 공공재라는 개념으로 정책을 펼쳐야 함에도 불구하고, 정부는 주택을 투자의 대상으로 만들어버렸다. 주택기금을 잘못 사용했기 때문이라고 여긴다.

해리 덴트는 저서 『2019 부의 대절벽』에서 2019년경 피할 수 없는 거대한 붕괴가 시작되어 2022년경까지 겨울이 지속된다고 한다. 지금 우리나라 상황을 보면 그의 예측을 무시할 수 없다는 생각이 든다. '부채가 커다란 덫이고 함정'이 될 것이다.

지출과 소비가 추가수입으로 연결되는 함정이 없는 시스템이 없는 것도 아니지만, 변화를 두려워하는 사람과 일확천금을 노리는 사람은 기존의 시스템을 고수하기 때문에 외면하고 있는 경우가 많다.

투자란 돈이 넘치고 넘친 자본가가 하는 것이지 일반인의 경제활동 영역이 아니다. 투자가는 투자자금을 잃어도 파산하지 않을 만큼 여유가 있는 사람들이다.

일반인은 투자자금을 잃으면 곧바로 파산하게 되어있다. 이것은 조급증과 연결되어 단기 고수익에 현혹되어 판단력을 잃고 투자하여 손해를 보고, 성장 가능한 회사의 주식인 줄 알면서도 시세에 민감한 반응을 보이다가 기다리지 못하고 처분하여 손해를 보는 경우가 대다수이다.

안목이 없어서 손해를 보기보다는 기다릴 여유가 없어서 손해를 본다. 그리고 자본의 여유가 없어서 선택을 해야 할 때에 망설이기만 하고, 어느 것도 선택하지 못하는 선택장애를 있는 자보다 더 겪기 때문에 돈 되는 기회를 놓치기도 한다.

투자할 자본이 충분하지 못한 사람들은 가진 자보다 투자수익에 대한 욕심을 더 내는 경우가 많은데, 이것도 실패의 원인이다. 일천만 원 투자에 대한 수익 10%와 일억 원 투자에 대한 수익 10%를 비교할 때, 똑같은 10%만 생각해야 한다.

그런데도 1백만 원과 1천만 원을 비교하여 1백만 원이 적다고 생각하고 욕심을 내다가 수익을 내지 못하는 경우가 있다.

2018년 1월, 암호화폐가 사회적 문제점으로 언론에 보도되었다. 앨빈 토플러는 2006년 저서『부의 미래』에서 미래의 화폐에 관한 언급도 했다. 화폐를 발행하고 유통하고 추적하는 화폐시스템을 운영하는 비용은 보이지 않는 세금으로 사용자가 부담하므로 새로운 화폐시스템이 등장할 여지가 있다는 것이다.

모든 시장에는 시장화와 탈 시장화라는 두 가지 프로세스가 동시에 진행되기 때문에 화폐시장도 변화가 있을 것이다. 암호화폐는 기존의 화폐시스템에 반발하여, 즉 국가기반 화폐의 시스템을 비판하는 과정에서 생겨난 것이다.

우리가 화폐의 속성을 이해하지 못하면, 수십 종의 암호화폐 속에서 잘못 투자하여 낭패를 당할 수도 있을 것이다.

화폐의 속성을 이해하기 위해서는 유발 하라리가 저서『사피엔스』에서 언급한 내용을 참고할 필요가 있다. 그는 "인간이 신, 인권, 국가 또는 돈에 대한 집단신화를 믿는 독특한 능력 덕분에 이 행성을 정복할 수 있었다."고 말한다.

화폐시장은 국가의 통제하에 있고, 돈은 권력이기 때문에 개인이 화폐시스템을 만들어서 유통시킬 수가 없을 것이다. 왜냐하면 블록체인(Block chain)과 같은 암호화 보안시스템을 활용하여 국가는 새로운 미래의 화폐시스템을 만들 수 있기 때문이다.

결국 국가와 정부가 존재하는 한, 그 국가에서 유통되는 화폐시스템은 그 정부가 만들 수밖에 없다. 화폐는 어디까지나 국가의 시스템이기 때문이다.

경제의 3요소를 국가, 기업, 개인으로 볼 때 화폐시스템이 개인이나 기업에 넘어가면 개인이 정부가 되고 기업이 정부가 될 것이다. 그래서 비트코인 같은 디지털 암호화폐는 이단자들에 의하여 화폐로 통용될 수는 있겠지만 정부의 적이 될 수밖에 없다. 그 때문에 신뢰받는 결제 시스템의 하나로 존재할 수는 있어도 화폐 자체는 될 수 없다는 생각이다.

알렉 로스는 저서 『미래산업보고서』 3장에서 돈, 시장, 시장의 코드화에 대해 60여 페이지를 할애해 잘 설명하고 있다. 그는 보는 화폐가 디지털화하면 세계화와 경쟁을 통해서 비효율적인 정부의 화폐가 모두 사라지고 결국 미국 달러, 유로, 엔, 파운드, 위안, 비트코인만이 남을 것이라고 했다.

부동산이든, 주식이든, 새로운 기술이든, 모든 버블은 터지게 되어 있다. 우리는 IT버블을 이미 경험한 바가 있다. 일확천금을 노려서 부자가 되겠다는 생각을 버려야 다른 기회를 잡을 수 있고 관심도 가질 수 있다. 버블과 관련하여 헤리 텐트의 저서 『부의 대절벽』은 시사하는 바가 크다.

2018년 상반기. 서울의 아파트값이 천정부지로 치솟는 부동산투기 광풍이 불었다. 많은 이유가 있겠지만 가장 큰 이유는 2008년 금융위기를 극복하기 위해 저금리 정책을 썼던 정부, 빚내서 집 사라고 부추긴 집단, 기업대출이 이루어지지 않자 가계대출로 수익을 올리려는 은행의 마케팅, 그리고 시대가 바뀌면서 투자할 곳을 잃은 자금이 부동산으로 쏠렸기 때문일 것이다.

연소득으로 1억 원을 버는 사람들도 드물다. 1년에 1억 원씩을 저축을 해도 서울의 아파트 한 채를 사는데 십수 년이 걸린다면, 아파트가 없는 서울의 청년들은 오직 아파트만 꿈꾸는 편협한 삶과 암담한 미래를 살 수밖에 없을 것이다.

『부자 아빠 가난한 아빠』의 저자 로버트 기요사키는 '수익부동산이 아니면 그것은 부채'라고 말한다. 부채로 부채를 사는 것은 아닌지, 그로 인해서 삶의 질이 떨어지는 것은 아닌지 생각해볼 때가 되었다.

"시간이 돈이다."라는 것은 이제 동기부여를 위한 표어가 아니다. 지식정보화시대에서 시간은 생산요소가 되었기 때문이다.

위험 구간을 피하려면 부채라는 목돈을 투자하여 추가수입을 얻겠다는 기대감보다는 시간을 투자하여 추가수입을 얻는 새로운 경제에 기대를 걸 필요가 있다.

공유의 경제, 긍정의 경제, 비화폐경제, 프로슈머 경제, 연결의 경제, 융합의 경제라는 말이 그 새로운 경제를 지칭한다.

시대를 읽고 기회를 포착하여 세상 사람들이 공감하는 아이디어로 크라우드 펀딩(crowd funding)을 활용하여 창업한 후 회사를 매각하여 투자가가 된 사람은 위험구간뿐만 아니라 개인의 경제사이클을 건너뛴 뛰어난 사람들이다.

내가 그런 능력자가 아니라고 하여 마냥 위험을 안고 살 필요는 없다. 가성비가 좋은 건강과 미용과 생필품을 아이템으로, 역사와 전통이 있고 검증된 직접판매 회사의 후원 시스템을 살펴보고 그들의 파트너가 되는 것이다.

평생에 걸쳐 나의 소비자 네트워크를 구축해가면서 추가수입을 얻을 수 있고, 시간이 지나면 그 네트워크가 시스템으로 정착하여 자산이 만들어지기 때문에 위험구간을 피할 수 있다.

일확천금을 노리는 조급증만 없다면, 아니 시대의 변화를 바라보는 약간의 통찰력만 있다면, 그리고 꿈꾸는 소비를 지향한다면, 이것은 보통사람들이 부의 길을 갈 수 있는 가장 매력적인 사업의 하나라는 사실을 알 수 있을 것이다.

마음의 덫

새로운 것을 시도하거나 실천함에 있어서 이런저런 이유를 대며 빠지기 쉬운 함정이 바로 마음의 함정이다.

첫발부터 빠지기 때문에 시작도 못한 사람이 생각보다 많다. 이것은 "마음먹기 달렸다."란 말을 자주 듣고 사용하면서도 그 의미를 절실하게 느끼는 사람이 많지 않기 때문이다.

표 14-2 핑곗거리

표 14-2는 우리가 많이 경험하는 핑곗거리이다. 실수와 실패는 성공의 과정에서 다반사로 일어나는 것이 당연하고, 날마다 피곤한 것

도 아니다.

가장 많이 핑계를 대는 것 중의 하나가 "시간이 없다."는 말이다. 그러나 24시간은 누구에게나 똑같이 주어져 있다. 그럼에도 불구하고 안 될 것을 예단하거나 귀찮다고 시도조차 하지 않는다. 생각이 다른 것은 틀린 것이며, 다른 것은 공정하지 않다고 생각한다.

이 세상에 하나밖에 없는 나를 타인과 비교하여 자아에 상처를 받고, 여론을 의식하는 일이 덫이며 우리를 나락으로 떨어뜨린다.

완벽한 것도, 쉬운 것도, 공짜도 없다. 모두가 상대적이다. 이런 것들을 탓하며 시작조차 못한다면 용기가 없는 것이고, 자신감, 자존감, 긍정성, 비전, 그리고 도전정신이 결여되어 있는 것이다. 만약 이것들 중 하나만이라도 가지고 있으면 결코 핑계를 대지 않을 것이다.

부채의 덫도 마음의 덫도 모두 나의 꿈꾸는 소비를 방해하는 것이며, 헤어날 수 없는 함정으로 이끄는 덫이다. 이것은 부의 길을 가는 데 걸림돌로 작용하며, 나머지 '다른 길'을 가는 것에도 많은 영향을 준다.

CHAPTER

경제의 주체

소비자는 경제의 주체가 아닌가?

경제란 인간생활에 필요한 제품과 서비스를 생산하고, 분배하고, 소비하는 모든 활동으로 정의된다. 때문에 생산과 분배활동을 하는 사람과 더불어 소비활동을 하는 소비자는 경제의 주체이다.

표 15-1 경제활동의 3주체

생산이란 사람이 그의 정신적, 육체적 노동을 직접 또는 간접적으로 자원에 투입시킴으로써 유용한 재화나 용역을 만들어내는 일이다.

재화나 용역은 사람의 욕망을 충족시킬 수 있는 성질을 가지고 있다. 그러나 재화나 용역의 자원인 소재를 자연상태로 내버려 둔다면 보통은 쓸모가 없거나, 효용이 적은 경우가 많다.

이러한 이유로 인간은 소재의 효용을 키우기 위하여 자원에 채취,

꿈꾸는 소비

포획, 어로, 사육, 재배, 변형, 저장, 이동, 봉사 등의 노동을 가한다.

어느 시대이든 하나의 생산이 이루어지기 위해서는 인적 요소와 물적 요소가 알맞게 결합되어 일정한 생산과정을 밟아야 한다. 즉 사람이 도구를 사용하여 자원을 상품과 용역으로 가공한다. 그리고 그 도구의 혁신적인 변화가 있을 때 산업혁명이 일어난다.

인간은 그 시대의 생산요소와 생산요소에 수반되는 생산수단, 그리고 트렌드(Trend)에 따라서 일정한 인연과 관게를 맺으며 생산활동을 하고, 자기의 이익을 위하여 협력하며 경제생활을 한다.

경제학자는 "사회가 존립하는데 필요한 소재적(素材的) 부(富)의 양은 그 사회의 물질과 지식의 생산력에 달려 있고, 서비스적 부의 양은 그 시대의 문화와 지식수준에 달려 있다."고 한다.

인류 역사 초기 수렵과 채취를 하는 원시시대의 경우, 생산은 전적으로 자연이 감당하고 인간은 오직 소비만 하였으므로 소비자만 존재하였다.

농경시대에 접어들어서는 본인이 생산한 제품과 서비스를 본인이 소비하고, 나머지를 교환하였다. 서로의 필요를 충족시키는 시대로 생산자가 곧 소비자였다. 앨빈 토플러의 신조어인 프로슈머는 그때 이미 존재했지만 모두가 프로슈머이기 때문에 용어의 필요성이 없었을 것이다.

산업시대에 접어들자 대량생산이 이루어졌고, 대량 생산된 제품과 서비스를 판매하기 위하여 시장이 생겨났으며, 분배를 위하여 유통이 생겨났다. 경제활동이란 용어는 산업시대 이후에 사용되었다고 할 수 있다.

　4차 산업의 발달로 인하여 정보가 실시간으로 공유되는 연결의 시대가 열리자 유통의 의미는 매우 가변적이 되었다. 현재 경제의 의미는 생산, 분배(유통), 소비 활동이지만 유통자의 위치가 모호해지면 경제의 정의가 프로슈밍으로 바뀔 수도 있겠다는 생각을 해봤다.

　생산은 그 목적에 따라서 구분된다. 자신의 필요에 따라 자기가 쓸 물품을 스스로 만드는 자기생산, 소비자의 주문을 받아 생산하는 주문생산, 그리고 교환에 의한 이익을 위해 이루어지는 상품생산이 그것이다. 아마도 4차 산업시대에는 3D프린터에 의하여 자기생산과 주문생산이 점점 더 많은 비중을 차지할 것이다.

표 15-2 경제의 이동 개요

　경제는 시대에 따라서 표 15-2처럼 발전하고, 이동하며, 부(富)는 경제활동에서 태어난다.

　그러나 우리가 소비자는 경제활동의 주체가 아니라는 생각을 가지고 있다면 생산과 유통만이 사업을 할 수 있는 분야라고 생각할 것이며, 만약 사업을 하는 것이 여의치 않으면 생산과 유통시스템의 부품이 되어 노동의 대가인 근로소득에 만족할 수밖에 없을 것이다.

　소비자도 경제의 주체이다. 그런데 주체로서 활약을 하지 못하면 그는 능력을 잠재우고 권리를 포기하는 것이다. 그로 인해 부와는 거리가 먼 삶이 다가온다고 할 수 있기 때문에 부를 원한다면 소비자의 사업, 즉 소비가 생산으로 이어지는 연결경제를 학습하여야 한다. 우리는 정(情)문화에 익숙하기 때문에 분명히 연결경제를 쉽게 받아들일 수 있을 것이다.

앨빈 토플러는 새로운 시대를 예고하며 혁명적 부 창출의 요인으로 시간, 공간, 지식을 꼽는다. 그는 자칫 평범해 보일 수도 있는 이 요인을 비즈니스는 물론 경제, 사회 전반을 주관하는 기반(fundamental)과 내면 깊숙한 곳에서부터 작용하고 있는 심층기반(deep fundamentals)으로 규정했다.

그가 예고하는 새로운 시대는 소비자의 파워가 강화되는 연결경제의 프로슈머 시대를 의미한다. 소비자가 경제의 힘 있는 주체로 떠오름을 예견한 것이다.

2018년의 "미투 운동"과 재벌의 "갑질"을 규탄하는 것 역시 공유를 바탕으로 하는 연결경제의 소비자 파워와 무관하지 않다.

앨빈 토플러가 주목한 심층기반 중 가장 핵심적이라고 할 수 있는 것이 지식이다. 그는 기본적으로 지식이 자본주의의 존립 기반인 공급의 유한성을 뛰어넘는다는 것에 주목하였다. 그리고 그는 지식을 미래의 석유라고 표현했는데, 우리는 석유와 석유산업의 중요성을 익히 알고 있다.

"지식은 상호작용하면서 더 거대하고 힘 있는 지식으로 재편됨과 동시에 무한대의 속도로 변화하며 발전하고 있다."고 한다. 정보와 지식이 넘치는 이 시대에 무용지식과 진실을 구별해내는 식견을 익히는 것도 지식과 정보이기 때문에 늘 업데이트가 필요하다.

일반경제

일반경제라고 표현하는 화폐경제의 주체는 생산자, 유통업자, 소비자가 각각의 영역을 점유하고 있는 것을 말한다. 초기 산업화 시대에는 경제의 주체가 생산자 > 유통업자 > 소비자의 순서로 정렬되어 대량생산을 앞세운 생산자의 파워가 가장 컸다.

대기업들이 유통업에 치중하며 유통업자 > 생산자 > 소비자 순으로 재편되자 유통업자가 주체로 떠오르며 어마어마한 유통마진을 흡수하는 시대도 있었지만, 오늘날의 대기업은 직접 경영하는 유통시스템을 만들기보다는 생산자와 유통업자와 소비자를 연결시키며 간접 경영하는 플랫폼에 더 관심이 있어 보인다.

비화폐경제

인류에 거대한 영향을 미치는 또 하나의 경제가 비화폐경제다. 이는 화폐경제와 병행하며 존재한다. 그리고 21세기 경제는 유형과 무형이 융합된 경제이다.

앨빈 토플러는 저서 『부의 미래』 6부에서 프로슈밍에 대하여 구체적으로 서술하였다. "생산소비가 증가하고 있는 현 상황에서 프로슈머 경제를 논하지 않고는 화폐경제나 미래를 이해할 수도, 예견할 수도 없다.

프로슈머 경제와 화폐경제는 불가분의 관계로, 이들이 모여 부 창출시스템을 형성한다. 프로슈머 경제는 화폐경제에 공짜 점심을 제공하고, 프로슈머 경제 없이는 화폐경제는 단 10분도 지탱하지 못한다."고 말했다.

표 15-3 화폐경제와 비화폐경제의 특징 요약

경제의 구분	차이점	진입 조건	주체
일반경제	화폐경제 보이는 부(유형) 희소성의 경제	사업 직장 상속 선물 결혼 복지 범죄	생산자 유통자 소비자
프로슈머경제	비화폐경제 보이지 않는 부(무형) 풍요의 경제	없음	생산자 소비자(PROSUMER)

　1980년 앨빈 토플러는 저서『제3의 물결』에서 프로슈머란 신조어를 사용하여 소비자가 프로슈밍을 통하여 경제의 주체로 떠오를 것을 예측하였다.

　그리고 2006년 저서『부의 미래』에서 좀 더 구체적으로 우리가 소비하는 제품과 서비스를 생산으로 연결시키는 비화폐경제의 중요성을 주장하였지만, 여전히 소비자는 본인의 권리를 찾는데 주저하고 있다.

　그는 프로슈머 경제가 폭발적으로 증가함에 따라 새로운 백만장자들이 수두룩하게 나타날 것이고, 주식시장, 투자자, 방송매체가 프로슈머 경제의 중요성을 인식하기 전까지는 알아차리지 못할 사람이 많을 것이라고 말했다.

비화폐경제의 유통

　SNS(Social Network Service) 플랫폼(Platform) 회사는 본사가 유통을 하지도 않고, 유통업자가 있는 것도 아니다. 소비자가 사용해본 경험을 유통하면서 화폐가 오고 가는 것도 아니다. 이것이 프로슈머 활동이다.

판매나 교환보다 자신의 사용이나 만족을 위해 사용한 제품과 서비스를 경험이라는 지식으로 재생산하여 정보를 전달(유통)하는 것도 프로슈머 활동으로 비화폐경제이다.

소비자가 호갱이 아닌 왕이 되기 위해서는 프로슈밍에 대한 지식이 있어야 한다. 그래야 금세기 최후의 마케팅이라며 우후죽순처럼 생겨났다가 사라지는 다단계 판매와 네트워크마케팅 회사의 진위를 구별하는 안목을 키울 수 있다.

시대의 변화와 경제에 대하여 최소한의 지식이라도 얻으려면 앨빈 토플러의 저서『부의 미래』, 제러미 리프킨의 저서『한계비용 제로사회』, 다니엘 핑크의 저서『새로운 미래가 온다』를 한번은 읽어봐야 할 것이다.

2010년 국민소득 2만 불의 수준에서, 2018년 3만 불, 2025년 5만 불, 2050년 8만1천 불을 달성하기 위해선, 프로슈머 경제를 알지 못하면 안 된다고 한다. 그 때문인지는 몰라도 우리나라는 7년 동안 국민소득이 2만 불에서 1만 불 더 성장하는데 그쳤다.

4차 산업혁명은 적은 자본으로 기업의 수익성을 높여주기도 하겠지만, 돈과 관련이 없는 행위가 돈과 관련이 있는 행위에 점점 더 커다란 영향을 미치기 때문에 적은 자본으로 가계의 수입을 올리는 사업을 할 수 있는 기회를 우리에게 줄 것이라 한다.

표 15-4 프로슈머의 특징

	내용
1	무보수로 일을 한다.
2	화폐경제에서 자본재를 구입한다.
3	자신의 도구와 자본을 화폐경제에 있는 사용자에게 빌려준다.
4	주택 가치를 향상시킨다.
5	제품이나 서비스 기술을 시장화 한다.
6	제품이나 서비스를 탈 시장화 한다.
7	자원봉사자로서의 가치를 창출한다.
8	영리 기업들에게 유용한 무료 정보를 제공한다.
9	화폐경제에서 소비자 힘을 강화시킨다.
10	혁신을 가속화 한다.
11	지식을 신속히 창출하고, 그것을 전파하며, 지식기반 경제에서 사용할 수 있도록 사이버 공간에 저장한다.
12	어린이를 양육하고 노동력을 재생산한다.

1항은 소비자형 프로슈머를 의미하며 셀프서비스이다. 이것의 예는 은행의 ATM기를 이용하는 것과 마트에서 스스로 카운팅하는 것, 인터넷으로 관공서 서류를 발급받으며 비용을 지불하는 일 등이다.

2항은 얼리 어댑터이지만 "남들보다 빨리 신제품을 사서 써 보아야만 직성이 풀리는 소비자"의 개념은 아니다. 이들은 소비재를 지식과 경험을 생산하는 자본재로 활용하여 소득을 창출하기 위해서 구입한다.

3항은 공유를 의미하며, 자신이 경험한 것을 다른 사람도 경험하도록 하여 생산으로 연결시킨다.

4항은 주택을 주거 목적으로만 사용하는 것이 아니라, 지식과 경험을 공유하고 전달하는 플랫폼으로 활용하는 것이다.

5항, 6항, 7항, 8항은 제품을 평가하는 사람들의 적극적인 활동을 의미한다.

9항, 10항은 연결시대에 소비 네트워크의 힘이 확대되고 연결경제가 가속화됨을 의미한다.

11항은 클라우드 저장공간의 활성화가 그 예 중 하나이다.

12항은 기대수명이 늘어남에 따라서 활동할 수 있는 건강수명도 늘어나고 있기에 가능하다.

지금은 소비자의 파워가 강화되고 있는 연결시대이다. 지식과 정보에 접속하고 공유하는 소비자는 주체로서 그 어느 때보다 더 막강한 소비자 권력을 가질 뿐만 아니라, 소득도 창출할 수 있는 시스템도 존재하기 때문에 지혜로운 소비자는 꿈꾸는 소비를 통하여 가난마저 탈피할 수 있을 것이다.

소비의 변화

베르트랑 피가르는 저서 『인생의 고도를 바꿔라』에서 "변화를 거부하는 자세가 고통을 배가한다는 점을 깨닫고, 새로운 관계로 받아들여야 한다."고 말한다.

소비의 형태도 변화한다는 사실을 아는 사람은 그다지 많지 않은 듯하다. 그러나 세상의 모든 것이 그러하듯이 소비도 분명히 변화하고 있다. 우리는 이것을 받아들여야 한다. 이것을 받아들이지 않으면 내가 서민인 이상 경제의 고통이 배가 될 수 있음을 알아차릴 때도 멀지 않을 것이다.

인간의 욕구를 충족시키기 위해 필요한 물자 또는 용역(用役)을 이용하거나 소모하는 일을 의미하는 소비는 요람에서 무덤까지, 단 한

순간도 멈출 수 없는만큼 소비의 습관은 삶의 질과 인생에 지대한
영향을 미치며, 소비습관을 바꿈으로써 삶의 질을 개선하고 삶의 의
미까지도 찾을 수 있다.

표 15-5 소비의 변화

소비의 변화는 표 15-5처럼 값을 우선하는 양적 소비에서 질(質)을
우선하는 가치소비, 그리고 환경과 소비자의 이익을 고려하는 생산
적 소비로 변화하고 있다.

국부론의 저자 애덤 스미스는 "국부란 한 나라의 주민이 소비할
수 있는 생활필수품의 수준이다."라고 말했다. 이는 국민소득이 향
상될수록 소비도 비례하여 늘어난다고 해석할 수 있다.

재벌이라 일컫는 우리나라에서 엄청나게 성공한 대기업의 창업자
는 이 소비에 대하여, 그것도 반복적으로 소모되는 생활필수품에
대하여 일찍이 지대한 관심을 가졌다.

현대는 1937년 미곡상(米穀商), 삼성은 1941년 청과류(靑果類)와 어
물, 엘지는 1947년 화장품과 치약을 기반으로 오늘날의 기업을 일
으켰다. 지금도 이 기업들은 생활필수품과 관련된 사업을 결코 놓지
않는다.

소비에 대한 개념이 없는 소비자만이 생활필수품과 그 소비의 중
요성에 대해 너무나 무관심했기 때문에 집안에 굴러다니는 황금가

루를 빗자루로 쓸어서 쓰레기 치우듯 버려버린 것이다. 그리고 누군 가는 그것을 주워 담아 부를 이루고 살고 있다.

스티브 W. 프라이스는 저서 『가정 속의 마르지 않는 금맥』에서 매번 반복적으로 소비되는 생활필수품은 황금딱지로, 각 가정에는 금맥이 흐르고 있다고 말한다.

연 소득 5만 달러 수준의 미국의 가정에서 소비되는 생활필수품이 연 9,250달러, 월 770달러 수준으로, '그중 일부를 누군가가 매달 수입으로 얻고 있다.'는 점을 강조한다.

수입과 부(富)가 다름을 아는 현명한 사람들은 이 내용에 관하여 "누군가는 매달 부(富)를 축적하고 있다."고 이해한다.

앨빈 토플러가 저서 『제3의 물결』에서 말한 PROSUMER(생산소비자)는 여기에 눈뜬 현명한 사람들이다.

가장 효율적으로 황금딱지를 모으고 있는 사람이 시골 잡화점을 세계 최대 기업으로 키워낸 월마트의 창업주 샘 월튼이다. 전 세계 가정에 흐르는 금맥을 1962년 창업한 월마트(Wal-Mart) 한 곳으로 강물처럼 흐르게 하여 부를 쌓고 있다.

표 15-6 소비의 종류와 소비자의 사고

소비의 종류	소비자의 사고
본래적 소비	소비적 사고
생산적 소비	생산적 사고
협력적 소비	프로슈머적 사고

숨겨진 부를 찾아 1인 기업가가 되기 위해서는 소비와 소비자의 생각에 대한 학습도 필요하다. 표 15-6처럼 소비의 종류는 본래적, 생산적, 협력적 소비가 있으며, 소비자의 생각은 소비적, 생산적, 프

로슈머적 사고가 있다.

본래적 소비

본래적 소비는 욕망의 충족을 위한 소비로 통장에서 돈이 나가는 것으로 끝나는 소비를 의미하며, 대부분의 소비자가 이런 소비를 한다. "소비가 미덕"이라는 사치풍조와 물질만능을 조장하는 소비다.

"소비가 미덕이다."는 말은 생산자의 주문(呪文)이다. 대기업은 그들의 네트워크를 활용하여 수많은 주문(呪文)을 걸어서 소비자의 주머니를 털어간다. "데이트를 하려면 승용차가 있어야 된다. 결혼을 하려면 집을 사야 한다. 목돈이 없으면 할부로 사면 된다. 담보대출이 어려우면 카드대출을 받으면 된다."고 소비자를 유혹한 후 물건을 팔아서 돈을 벌고, 할부이자를 받아서 돈을 번다.

협력적 소비

협력적 소비(Collaborative Consumption)는 공유 경제(Sharing Economy)라고도 하며, 자신이 소유하고 있는 기술과 자산을 다른 사람과 공유함으로써 새로운 가치를 창출해내는 경제 모델을 말한다.

제러미 리프킨이 말한 접속의 시대 공유로 인한 〈소유의 종말〉은 이러한 협력적 소비의 영향이다.

협력적 소비의 비즈니스 모델은 소비자와 소비자를 직접 연결해준다. 협력적 소비업체는 개인 대 개인의 거래를 중개해주는 플랫폼을 운영하고, 수수료를 받을 뿐이다.

부동산 하나 없이 호텔을 운영하고 있는 에어비앤비(airbnb)가 협력적 소비의 본보기 중 하나이다. 이렇듯 협력적 소비가 글로벌 트렌드로 부상하면서 기존 산업계의 판도가 바뀌고 있다.

인터넷, 스마트폰, SNS 등은 협력적 소비문화를 확산시키는 날개이다. 서비스를 이용한 고객들이 인터넷과 스마트폰을 활용해 SNS에 각종 평가를 올리면, 새로운 소비자들이 이를 보고 구매 여부를 결정하는 시스템이 자리를 잡으면서 정보의 비대칭 문제를 극복해 나가고 있다.

정보의 비대칭이란 거래가 이루어지는 상황에서 한쪽이 다른 쪽보다 더 많은 정보를 가지고 있는 상태로, 불공정한 거래가 이루어질 가능성이 높다. 반면 정보의 대칭이 실현되면 유통의 단계가 줄어들며 제품의 투명성이 확보된다.

언론은 "협력적 소비를 세상을 바꿀 10대 혁신이고, 내 것이 네 것이 되는 협력적 소비가 틈새에서 주류로 바뀌고 있다."고 하며, 전문가들은 협력적 소비를 "과잉 소비 시대의 종말을 예고하는 신호탄"이라 칭한다.

생산적 소비

생산적 소비의 사전적 의미는 상품을 만들기 위하여 생산 수단이나 원자재 따위의 물자를 소모하는 일, 그리고 노동과정에서 노동력과 노동대상 및 노동수단이 소비되는 것을 말한다. 즉 자원의 변형과 소비를 통하여 생산이 일어난다는 것이다.

생산적 소비의 확대가 바로 프로슈머 경제다. 4차 산업혁명 시대에 빈곤의 참신한 해결책이 될 수도 있다는 프로슈머 경제를 간과해서는 안 된다.

소비자의 사고

소비자의 생각은 소비의 형태를 반영하고 있으며, 소비자의 생활

수준과 사고수준, 학습수준에 의하여 소비에 대한 가치관이 달라진다.

가격이 싸다는 것은 그에 따른 반대급부가 존재할 수밖에 없다는 것을 의식해야 한다. 주는 만큼 받는다. 모두가 경차를 타고 다니지 않는 것은 싼 가격 때문에 놓치는 브랜드라는 무형의 재산가치(부가가치)가 너무 크기 때문이다.

여기서 가격이란 물건이 지니고 있는 교환가치를 화폐의 단위로 나타낸 것이며, 가치란 상품이나 재화의 효용을 말한다.

소비적 사고

소비적 사고를 가지고 있는 소비자는 오직 싼 가격에 관심이 있으며, 군중심리에 휩쓸려 소비생활을 한다. 소비적 사고의 특징은 아무리 싸게 사도 '내 통장에서 돈이 나가고 있다'는 사실은 잊고, 그저 싸게 샀다는 것에 대해 만족하는 것이다.

생산적 사고

생산적 사고는 부유층과 상류층 사람들의 소비 형태이다. 이들은 가치와 효용을 중요시하며 아무리 싸도 가치가 없으면 사지 않고, 아무리 비싸도 가치와 효용이 있으면 산다.

그들은 내 시간을 더 효율적인 곳에 사용하기 위하여 남들의 시간을 돈으로 교환한다. 그들에게 있어서 시간은 자원재의 개념이어서 소비를 투자의 개념으로 이해하는 소비생활을 한다.

그들이 그림, 청자, 백자, 기타 작품을 사는 것은 단순한 소비가 아니라 소비를 충족시키는 투자이다.

그들의 휴식은 노는 것이 아니고 충전이다. 열심히 일한 것에 대한 보상으로 모처럼 시간을 내어 충분한 편의를 제공받으며, 평안한 마음에서 사고하고, 책을 읽고, 현실을 파악하며, 정보를 교환하고, 그 정보를 가공하여 새로움을 창조한다.

결국 이들은 모든 소비를 다시 원자재로 재탄생시키는 생산적인 소비생활을 하고 있는 것이다.

프로슈머적 사고

프로슈머적 사고란 생산적 사고의 연장으로, 생산적 사고가 부자들의 생각이라면 프로슈머적 사고는 현명한 소비자의 사고라고 할 수 있다. 소비의 미학을 벗어나 소비자 파워 강화에 따른 소비자 권리 찾기의 일환이다.

자본재인 정보와 지식과 경험을 이제 소유가 아니라 접속을 통해 공유하고, 확대재생산 하여 다시 공유한다. 소비재로 유통에 참여하여 생산화하는 현명한 소비를 지향하는 사람들의 생각이 바로 프로슈머적 사고이다.

프로슈머는 앞으로 다가올 경제의 이름 없는 영웅이라 한다. 이런 역사적 전환을 인식하지 못할 경우, "혁명적인 부의 창출과, 그것이 우리와 우리 자손에게 미칠 영향을 이해하려는 어떠한 노력도 허사가 될 것이다."라고 앨빈 토플러는 말했다.

프로슈밍(PROSUMING)

프로슈머의 활동을 프로슈밍이라고 한다. 일반경제가 생산, 유통, 소비로 구분되듯이 프로슈머 경제도 생산, 유통, 소비가 있으며, 프로슈머도 생산자형, 유통자형, 소비자형 프로슈머가 있다.

꿈꾸는 소비

소비자형

소비자형 프로슈머의 활동에는 자원봉사자, DIY, 기타 시중 마트에서 소비하면서 포인트를 적립하는 대부분의 소비자이다. 특히 은행의 ATM기기와 정부기관의 전산서류 발급시스템을 사용하면서 수수료까지 지불하는 소비자가 대표적인 소비자형 프로슈머다.

서류를 발급하는 서비스를 내가 제공하고도 수수료를 주는 어처구니없는 일을 하면서도 소비자는 불평 한마디 하지 않는다. 그러한 장비는 인건비를 줄이려는 그들의 자원이다. 그들이 인원감축으로 돈을 벌고, 수수료를 받아 돈을 벌 때, 소비자는 일자리도 뺏기고 돈도 뺏긴다.

생산자형

생산자형 프로슈머는 아이디어를 제공하는 자와 아이디어를 보충하는 자로 구분할 수 있고, 후자(後者)는 고객평가단이 주를 이룬다. 전자(前者)와 관련된 예는 소비자인 대학생 50명의 아이디어로 탄생한 LG전자의 초콜릿폰이다.

유통자형

유통자형 프로슈밍을 하는 사람은 사업가이다. 이들은 소비를 통하여 돈을 번다. 생활필수품이 자본재임을 이해하고, 경험이라는 지식과 정보를 공유하는 활동으로 무형의 자산(권리수입)을 쌓는 사업가들이다.

이것을 이해한 사람들은 "금수저"를 처다보며 한숨짓지 않는다. 이들은 스스로가 좋은 진흙임을 안다. 즉 진흙으로 "흙수저"를 만드는 것이 아니라 도자기라는 작품을 만들어서 유약을 바르고 가마

에 구워내는 것이다. 자신이 단순한 흙이 아님을 알고 있기 때문에
가능한 일이다.

　이들은 늘 소비한다.
　이들은 늘 학습한다.
　이들은 늘 교육한다.
　이들은 늘 복제한다.
　이들은 늘 광고한다.
　이들은 늘 깨어있다.

　다니엘 핑크는 저서 『파는 것이 인간이다』에서 "결국 소비의 형태
는 플랫폼을 활용하여 생산자와 소비자가 가치를 공유하는 시스템
으로 바뀐다."고 말했다.

　연결의 시대가 열리면서 정보의 대칭이 실현되었다. 그리고 정보
의 대칭이 실현된 지금의 투명한 세상에서는 소비자의 파워가 막강
하다.
　때문에 생산자가 소비자와 가치를 공유하지 않는 어떠한 제품과
서비스도 시장에서 유통되기는 어려울 것이다.

CHAPTER

생산요소

생산요소는 시대에 따라서
어떻게 변화하는가?

지금까지는 재화의 생산과정에서 사용되는 경제적 자원이자 생산을 하는데 없어서는 안 되는 요소로 노동, 토지, 자본을 생산의 3요소로 봤다. 하지만 지금은 노동이 시간으로, 토지가 사이버공간으로, 자본이 지식으로 그 개념이 대체되었다.

표 16-1 산업혁명의 역사적 의미

혁명 구분	시대	생산기술
농업혁명	1만 년 전	농경생활, 가축사육
산업혁명	1차(1760년~1840년)	증기기관, 철도
	2차(19C 말~20C 초)	전기, 생산조립 라인
	3차(1960년)	반도체, 메인 프레임 컴퓨팅
	(1970년~1980년)	PC
	(1990년)	인터넷
	4차(12C 초)	센서, 인공지능, 사물인터넷

시대의 변화는 산업의 변화이고, 생산요소의 변화이다. 그리고 이러한 변화가 급격히 일어날 때 우리는 혁명이라고 표현한다.

산업혁명이란 생산기술과 그에 따른 사회조직의 급격하고 커다란 변화를 의미하며, 육체노동에서 기계로, 공장자동화에서 인공지능화로 변화하는 과정이기도 하다.

꿈꾸는 소비

산업혁명으로 인해서 구시대의 사업과 직업이 도태되고 새로운 시대에 맞는 시스템과 직업이 생겨난다. 그러한 이유로 제러미 리프킨은 저서 『노동의 종말』에서 시대가 바뀌면 90%의 사람들이 직업을 잃는다고 말했다.

독일에서 2030년까지 전체 차량의 25%가 전기차, 15%가 플러그인 하이브리드차, 60%가 효율적인 휘발유차나 디젤차가 되면, 7만 5천 개의 일자리가 사라질 것이며, 이러한 현상은 주로 자동차의 엔진이나 변속기 분야에서 발생할 깃으로 조사냈다는 보도를 봤다. 생각할 점은 이 연구가 당사자인 독일금속노조와 자동차노조의 후원으로 이뤄졌다는 것이다.

미래학자 앨빈 토플러는 새로운 시대가 쓰나미(Tsunami)처럼 밀려온다 하여 시대의 변화를 물결로 표시했다. 그가 말하는 쓰나미는 우리가 주목해야 하는 비화폐경제의 연결시대를 의미한다.

비화폐경제는 돈을 지불하지 않고도 필수적인 욕구나 수요를 충족할 수 있으며, 이것은 화폐경제와 상호작용을 하면서 새로운 부 창출 시스템을 만든다고 한다.

혁명적 부라고 표현하는 이것이 극심한 빈곤에 대한 참신한 해결책도 함께 던져줄 것이며, 이러한 변화의 물결은 우리에게 수많은 기회와 새로운 삶의 궤적을 제시해 줄 것이라고 주장하니 우리의 관심을 끌 수밖에 없다.

표 16-2 물결이론 〈앨빈 토플러〉

물결	시대	생산요소	형태	생산수단	대표직업
1. 물결	농경	토지, 자본	소유	Growing	농부, 지주
2. 물결	산업	토지, 자본, 기술	소유	Making	근로자, 기술자, 관리자
3. 물결	지식정보	지식, 정보	소유	Knowing Thinking Experiencing Serving	전문 지식인
4. 물결	융합	시간, 공간, 지식	이해	Information Knowledge Learning Attainment Understanding	상업적 지식인
5. 물결	연결	시간, 공간, 지식	공유	Sharing Contact Connection Interaction Network Platform	Leadership Artist Leader Networker

농경시대는 생산요소가 토지와 노동력으로, 재배하는(growing) 분야에서 생산 활동을 하였다. 물론 그 이전에는 수렵(사냥)과 채집(수집)이었다.

산업시대는 생산요소가 자본과 기술로, 이를 바탕으로 제조하는(making) 분야에서 생산 활동을 하였다.

지식정보시대는 새로운 지식을 생산하고, 교육하고, 이러한 지식과 정보를 토대로 새로운 시스템을 만들고, 경험한 지식과 정보를 전달하고, 봉사하는 일로 생산 활동을 하기 때문에 지식(Knowing), 사고(Thinking), 경험(Experience), 봉사(Serving)가 생산수단이다.

시대의 변화를 느낀 산업시대의 부모들은 자녀를 전문지식인을 만들기 위해서 교육에 엄청난 투자를 했고 그 결과를 얻었지만, 지식정보시대 이후의 부모들은 빠르게 변화하는 세상에서 무엇을 가르쳐야 할지 모른 채 주입식 교육에 올인하는 경우가 많다.

앨빈 토플러가 2007년 6월에 방한하여 "한국의 학생들은 하루 15시간 동안 학교와 학원에서 미래에 필요하지도 않은 지식과 존재하지도 않을 직업을 위해 시간을 낭비하고 있다."고 말한 이후 10년이 지났다. 우리는 실제로 그런 현상이 일어나고 있음을 목격하고 있다.

지혜 또는 융합 시대의 생산요소는 시산, 공간, 지식을 심층기반으로 하며, 정보, 지식, 학식을 이해하고 학습하는 것으로 생산활동을 한다. 즉 자원이 정보(Information), 지식(Knowledge), 학식(Attainment), 학문(Learning), 이해(Understanding)이며, 시간은 정보와, 지식은 학문·학식과, 공간은 이해와 밀접한 관련이 있다.

시간과 공간은 지식의 습득과 전달과 보관에도 필요하다. 물리적 공간은 접근성과 희소성에 의하여 가치가 결정되고, 접근하는 데 시간의 제약을 받으며, 소수의 가진 자와 선점(先占)한 자의 전유물이다.

반면 사이버 공간은 시간이나 지리적으로 제약을 받지 않는 접근성과 공급의 무한성으로 원하는 사람은 누구나 제한 없이 가질 수 있다는 특징이 있다.

물류시스템의 발달과 사이버 공간을 이용한 무(無)점포 사업이 가능하여 기존의 상업용 건물에 공실(空室)이 증가하는 현상이 발생하고 있음을 우리는 목격하고 있다.

이제 '연결의 시대'라고 한다. 연결의 시대는 시간, 공간, 지식을 공유하고 연결하는 시대이다. 이 시대는 공유하고, 접속하고, 연결하는 상호작용의 네트워크와 플랫폼이 생산수단이므로, 협력하는 리더십과 조율하는 아티스트 리더를 필요로 하는 시대이다.

표 16-3 지식의 특징 〈앨빈 토플러〉

지식의 특징		
1	경제의 자원이다.	생산요소
2	비 경쟁적이다.	공유
3	형태가 없다.	조종불가
4	직선적이지 않다.	기하급수적 결과
5	관계적이다.	연결
6	다른 지식과 어울린다.	융합
7	이동이 편리하다.	디지털화
8	상징이나 추상적인 개념으로 압축할 수 있다.	표현, 비 표현
9	점점 더 작은 공간에 저장할 수 있다.	사이버
10	명시적일 수도, 암시적일 수도 있다.	표현
11	밀봉하기 어렵다.	확대 재생산

지식은 정보가 포괄적이고 고차원적인 패턴으로 배열되어 변화된 것으로 그 정의는 1) 교육이나 경험, 또는 연구를 통해 얻은 체계화된 인식의 총체 2) 사물이나 상황에 대한 정보 3) 인식에 의하여 얻어진 성과이며 지식을 가치기준으로 보면, 듣거나 본 지식 〈 듣거나 본 것을 이해한 지식 〈 경험한 지식으로 나열할 수 있다.

지식은 마음속에서 연상과 연결을 만들어내고 인간을 교육하며 개혁하는 무제한의 도구로, 지식과 권위가 경험을 기초로 하기 때문에 경험한 지식이 최고 수준의 지식이다. 유발 하라리의 저서『극한의 경험』은 경험에 의한 권위가 무엇인지 알 수 있게 한다.

우리의 머릿속에만 있는 지식은 연결시대에서 그다지 중요하지 않다고 한다. 훨씬 많은 양의 지식이 사이버 공간에 있기 때문이다. 정말 중요한 것은 연결이고 공유이다. 그리고 그 일을 해야 할 이유를 찾는 것이라 한다.

표 16-4 정보의 종류

정보의 종류				
선도정보	지식정보	상식정보	무용정보	불용정보

정보란 관찰이나 측정을 통하여 수집한 자료를 실제 문제에 도움이 될 수 있도록 정리한 지식 또는 그 자료로 정의한다. 그래서 실제 문제에 도움이 안 되면 정보가 아니다. 정보의 사전적(辭典的) 의미는 '사물이나 어떤 상황에 대한 새로운 소식이나 자료'이다.

선도정보는 인류를 발전시키는 사람들, 즉 상상, 도전, 의심, 질문, 관찰, 증거를 원하는 사람들이 사물과 상황의 변화를 주장하는 새로운 것이다.

깨어있는 사람들은 여기서 기회를 잡고 아이디어를 얻으며, 사업을 구상하고 시스템을 만들어 시대를 선도한다.

지식정보는 선도정보를 어떤 사람과 시스템이 체계화된 인식의 총체, 즉 지식으로 만들어서 관심 있는 사람에게 교육을 통해 전달하는 정보를 말한다.

상식정보는 지식정보가 보편화된 것을 의미한다. 현명하게 생활할 수 있는 능력의 바탕이 되고, 사회생활을 하는데 있어서 타인을 이해하고 소통할 수 있는 보편적인 연장(Tools)이다.

무용정보는 두뇌의 용량만 차지할 뿐 쓸모가 없어서 스처 듣고 잊

는 게 상책이다. 이것을 머리에 담아 두면 필요 없는 말을 많이 하게
된다.

불용정보는 한때 지식이나 상식정보였다. 그러나 시대가 변하고
기술이 발전함에 따라 폐기처분된 정보를 말한다.

현재도 효용이 있는 것으로 알면 아집이 생기고 우김질을 하는데,
이것은 관계를 망치므로 자신의 발전을 저해하고 결국은 피해까지
입는다.

불용정보의 한 가지 예로, ABS시스템(Anti-lock braking system)이
없는 자동차는 눈길이나 빗길에서 브레이크를 밟을 때 나눠서 밟는
게 상식이었다. 하지만 잠금 방지 브레이크 장치(ABS)가 있는 자동
차를 그렇게 다루면 정지거리만 늘어나 사고를 키운다.

정확하지 못한 정보와 지식, 그리고 아는 척하는 것 때문에 누군
가에게 본의 아니게 피해를 주는 경우가 종종 있다. 그래서 남의 판
단을 흐리게 할 수 있는 지식과 정보의 전달은 조심해야 한다. 그로
인하여 타인은 시간을 소비하고 기회를 놓칠 수 있기 때문이다.

정보는 시간이 지나면 상식이 되므로 빠르게 접근하는 사람만이
그 가치를 충분히 누릴 수 있다. 정보가 확대·재생산되고 공유되는
시대에 어떤 정보에 관심이 있느냐, 얼마나 빨리 접근할 수 있느냐
에 따라서 우리 인생의 삶의 질이 달라진다고 할 수 있다.

표 16-5 생산요소와 수단

생산요소와 생산수단은 시대에 따라서 변화한다. 농경시대, 산업시대, 지식정보시대의 사업과 직업에 종사하는 사람들이 지혜 또는 융합시대의 생산요소와 융합하지 못하면 사업이 도태되고 직업을 잃게 된다. 때문에 성공하려면, 아니 생존하려면 새로운 물결 위에서 서핑하여야 한다.

시대가 변하면 구시대의 사업과 직업은 새로운 생산요소와 융합해야만 구조적 실업을 피할 수 있다.

표 16-6 직업의 발생요인

생산요소의 결합	직업
노동 + 기술	기술용역 등
자본 + 기술	하이테크 등
자본 + 정보	부동산, 금융 등
지식 + 정보	컨설팅 등
지식 + 정보 + 이해 + 경험 + 공유	프로슈머 등
지식 + 공간 + 기술+ 자본	플랫폼 등

서로 다른 생산요소와 생산수단의 결합은 직업의 발생요인으로

수많은 직업을 탄생시킨다. 지식, 정보, 이해, 경험을 공유하여 네트워크마케팅을 하는 프로슈머는 새로운 직업으로 자리 잡고 있고, 성공한 사람도 부지기수로 많다.

그럼에도 불구하고 이 시대의 많은 사람들은 아직도 이 사실을 이해하지 못해서 다단계, 피라미드 등등의 이름으로 오해하고 있다.

표 16-7 산업의 분류

산업구분	업종	업태
1차 산업	농업, 임업, 축산업, 어업 등	재배, 사육, 수집
2차 산업	광업, 중공업 등	제조, 가공
3차 산업	금융, 보험, 상업, 수송, 건설 등	판매, 서비스
4차 산업	지식, 통신 정보, 교육, 의료, 시스템 등	프랜차이즈, 로열티
5차 산업	문화, 관광, 오락, 패션, 유전자, 생명공학, 우주공학 등	네트워크, 플랫폼, 영화
6차 산업	융합, 체험, 친환경, 바이오, Anti-Aging, AI, NANO, 로봇, 3D 프린터 등	사물인터넷, 호스트, 컨설팅

산업이란 재화와 용역을 조직적으로 생산하는 일을 말한다. 현재 우리가 가장 많이 종사하고 있는 분야가 3차, 4차 산업이다. 유통과 판매 분야의 일자리는 3차 산업 하에서 많이 창출되었다.

3차 산업인 도매와 소매유통은 서민이 부를 쌓을 수 있는 가장 유망한 분야였다. 그러나 시장 시스템의 변화로 총판, 도매, 소매업이라는 유통의 틀이 깨져서 지금은 서민이 진입할 수 없는 분야이다.

화이트 컬러로 대변되는 4차 산업은 중산층의 삶을 살 수 있는 직업이 다수 포진되어 있다. 여기에 진입하기 위해 유학을 다녀오고 대학원을 다니는 등 학업에 많은 시간을 투자하였지만 뜻을 이루지 못한 경우가 적지 않다.

사회적·경제적 상황으로 인하여 연애, 결혼, 취업, 희망 등 많은 것을 포기해야만 하는 이른바 "N포 세대"라는 단어가 시대의 변화를 실감하게 한다.

5차 산업은 골드칼라, 2차 산업은 블루칼라, 3차 산업의 판매와 서비스는 핑크칼라로 호칭되기도 한다. 고차원 산업으로 가면서 점점 더 많은 지식이 요구되고 있음을 알 수 있다.

AI와 3D프린터, 만물이 연결되는 사물인터넷(IOT)이 세상을 어떻게 변화시킬지 조금만 관심을 가지면 알 수가 있으므로, 우리는 6차 산업이 요구하는 직업을 찾아야 한다.

인공지능(AI)의 발달은 소외계층에게 더욱더 인간다움을 요구할 수 있으므로 사회적 기업에 대한 학습을 통해 아이디어를 얻을 수도 있을 것이다.

표 16-8 시대와 선도산업

농업시대	산업시대	지식정보시대	융합시대	연결시대
농·축·어업	제조업	지식산업	융합산업	연결산업

시대의 흐름에 따라 시대를 이끄는 산업과 그에 맞는 직업이 따로 있기 때문에 산업의 변화를 이해하지 못하면 효율적인 생산수단을 갖지 못하여 새로운 직업에 종사하는 사람들의 수입을 따라갈 수가 없다.

구시대의 산업이 아직도 존재하고, 그것을 통하여 소득을 다소나마 얻고 있어서 변화를 체감하지 못하는 사람들은 제러미 리프킨이 저서 『노동의 종말』에서 언급했듯이 AI와 기계의 발달로 인한 고용 없는 성장이 그들의 직업에 틀림없이 종말을 가져올 것이란 사실을 새겨두어야 한다.

표 16-9 인터넷의 역사적 의미

	1차 물결	2차 물결	3차 물결
시기	1985년~1999년 인터넷 구축	2000년~2015년 APP 경제와 MOBILE 혁명	2016년~ 만물인터넷
추진동력	사람, 상품, 플랫폼, 파트너십, 정책, 끈기	사람, 상품, 플랫폼	사람, 상품, 플랫폼, 파트너십, 정책, 끈기
주도회사	애플, IBM, Cisco, Sun, Sprint 등	Amazon, Waze, Google, Facebook 등	Uber, airbnb, Dropbox 등

산업혁명은 문명을 동반하는데, 4차 산업혁명의 문명이 바로 인터 넷이다. 인터넷의 발달로 인하여 새로운 혁명이 시작된 것이다.

인터넷의 역사를 살펴보면 인터넷 발전에 무엇이 필요했고, 발달 과정에 따라서 어떤 회사가 생겨났는지 알 수 있다.

스티브 케이스는 저서 『미래 변화의 물결을 타라』에서 사물인터넷 (IOT)이 진화한 개념의 만물인터넷(Internet Of Everything)은 단순한 사물 간의 연결을 넘어 데이터, 클라우드, 모바일 등을 연결하는 환경이 되었다고 한다.

표 16-10 4차 산업혁명을 이끄는 기술

물리학기술(Physical)	디지털기술(Digital)	생물학기술(Biological)
무인운송수단	센서(이동, 추적)	유전자 활성화, 유전자 편집
3D프린터	사물인터넷(연결, 공유)	합성생물학
첨단로봇공학	플랫폼(ON-Demand, 공유)	
신소재		

4차 산업혁명을 이끄는 기술과 4차 산업혁명을 이해하는데 스위스 경제포럼, 일명 다보스포럼의 창립자 클라우스 슈밥의 저서『제4차 산업혁명』이 도움이 된다. 그는 "4차 산업혁명은 이미 시작되었다. 아무도 예상하지 못한 속도로 다가오고 있으며, 과거 인류가 겪었던 그 무엇과도 다르다."고 말한다.

표 16-11 4차 산업혁명이 가져오는 변화

일하는 방식	소비형대	생활방식
새로운 비즈니스 모델 등장	소비자가 생산자	인간의 정체성 재정립 요구, 수평연결, 이해, 공유
상호작용 네트워크 마케팅	가치를 공유하는 PROSUMER 등장	접속
기존 시스템 파괴	생산, 소비, 운송, 배달 시스템의 재편	인공지능(AI), 로봇, Big Data, Clouding, 3D 프린터, Quantum 컴퓨팅, NANO, BIO Technology
수평 Feedback system	상호작용 플랫폼	사물인터넷(IOT)

4차 산업혁명은 표 16-11의 요약내용과 같이 일하는 방식과 소비의 형태, 생활방식에 커다란 변화를 가져오고 있다.

일하는 방식은 계층적 마케팅이 아닌 상호작용하는 네트워크마케팅이 새로운 비즈니스 모델로 등장함을 말한다. 수직 그리고 일방적인(One-Way System) 기존 시스템이 파괴되고, 수평적인 피드백(Feedback System)으로 변화하고 있다는 것은 공유가 확산되고 있다는 것을 의미한다.

소비형태는 PROSUMER의 활동으로 소비자가 생산자가 되어 생산자와 소비자가 가치를 공유하고, 3D프린터, 드론, 자율주행자동차의 등장으로 생산, 소비, 운송, 배달시스템이 재편되어 상호작용하는 플랫폼으로 변한다.

생활방식은 인공지능(AI)로봇, 가상현실, 빅데이터에 의한 의사결정 등으로 인간의 행동양식뿐만 아니라, 정체성도 변화시키기 때문에 정체성 재정립이 요구된다.

공상과학 영화에서나 보던 일이 현실에서도 곧 이뤄질 전망이며, 모든 정보를 수평연결의 접속을 통해 이해하고 공유한다. 주변에서 흔히 보고 쓰는 가전제품을 시작으로 사물 대부분이 인터넷으로 연결되어 서로 정보를 주고받는 현상 또한 곧 목격할 것이다.

모든 사물에 부착된 센서들은 서로 연결될 것이며, 이것이 사람의 이동과 추적에 활용되면 범죄자는 숨을 곳이 없으며, 개인의 사생활도 보호받기 어렵다고 할 수 있다.

표 16-12 파괴력 있는 신기술 12개

사물의 구성요소 변화	인간을 위해 일하는 기계	에너지에 대한 생각의 변화	IT 발전과 활용법
1. 차세대 유전체학 2. 첨단 신소재	6. 첨단 로봇 7. 무인 자율주행 　자동차 8. 3D 프린터	3. 에너지 저장 장치 4. 오일과 가스를 탐사하고 　복구하는 첨단 기술 5. 재생기능 에너지	9. 모바일 인터넷 10. 사물인터넷 11. 클라우드 기술 12. 지식노동의 자동화

리처드 돕스 등 『미래의 속도』를 저술한 공저자들은 향후 10년 동안 잠재적 파괴력이 큰 12가지 기술을 제시하며, 이 시대는 산업혁명보다 10배 더 빠르고, 300배 더 크고, 3,000배 더 강하다고 언급했다.

전 세계 모든 것을 뒤흔드는 강력한 4개의 힘으로 신흥도시의 부상, 점점 더 빨라지는 기술 혁신의 속도, 인구의 고령화, 글로벌 커넥션의 확대 등이 꼽혔다.

그들이 말한 4개의 트렌드는 이미 우리 앞에 펼쳐있고 지금껏 보지 못했던 속도로 미래를 만들어 가기 때문에 지금까지의 경험으로 쌓은 직관으로는 다가올 미래에 대응할 수 없다고 한다.

표 16-13 시대의 역사적 의미와 특징

구분	수렵시대	농업시대	산업시대	지식정보시대	연결시대
시기	~BC 5000년	BC 5000년~	1760년~	2000년~	2007년~
변화동인	자연	도구사용	기계발명	지식, 정보	공유, 활용
변화속도	정체	계절순환	점진	광속	실시간
생산요소	육체노동	토지	자본	지식, 정보/소유	지식, 정보, 연결, 공유
핵심계층	제사장	관료	자본가	지식근로자	플랫폼 소유자 Artist-Leader
통제구조	혈족	가부장제	중앙집권제 수직조직	수평조직	점조직 네트워크
주요산업	수렵, 채취	경작	제조	지식 서비스	활용, 연결, 공유

시대를 변화시키는 요인, 변화의 속도, 주된 생산요소, 시대를 이끌어가는 핵심계층, 시스템이라 할 수 있는 통제구조, 그리고 주요 산업의 생산수단을 모르면 경제적 자립은 남의 이야기이다.

비록 우리가 구시대 산업의 생산요소로 자립을 했을지라도, 그 자립이 그리 오래가지 못한다는 사실을 알아야 한다.

연결의 시대가 왔다. 우리는 모두 누군가와 네트워크에 연결되어 활동하고 있다. 그러나 연결의 시대에는 남의 것이 아닌 나의 생산적인 네트워크가 필요하다.

　나의 네트워크를 만드는 기술이 연결의 시대를 살아가는 삶의 기술이다. 내가 가진 네트워크를 어떻게 활용하고 있는지, 어떻게 협력하고 있는지, 생산활동을 하고 있는지, 단순히 소비나 취미 활동을 하고 있는지 점검할 필요가 있다.

　인간관계에는 상호성의 원칙이 있다. '준다'의 미래형은 '받는다'이다. 화폐경제 하에서 네트워크는 상호성의 원칙이 적용되기 어렵다. 주로 경쟁관계이기 때문이다.

　물론 공동의 이익을 위하여 협력하는 경우는 있다. 일명 단합이라고 부르는 상도의에 어긋나는 행위이다.

　하지만 비화폐경제에서는 상호작용을 원칙으로 하는 경제이므로 다자간에 상생할 수 있는 생산적인 네트워크도 있다.

　인간은 생존과 관련한 조기경보 시스템을 가지고 있다. 경험하지 못한 것은 모두가 경계의 대상이다. 그래서 새로운 것에 대하여 우선 두려워하고 의심한다. 두려움과 의심은 생존을 위해서 필수적인 요소이다.

　그러나 두려움이 위험이 아니라면, 6가지 품성이라는 재료로 만들어진 자존감이라는 방패가 있고 용기라는 창이 있으므로 더 이상 새로운 것은 적이 될 수 없다.

　우리는 의심을 가져야 발전할 수가 있다. 여기서 의심이란 부정적으로 생각하는 의심이 아니라 긍정적으로 생각하는 호기심을 말한다. "설마? 아니겠지!"보다는, "정말! 그럴까?"라고 생각하며 내가 검증을 해봐야 발전한다.

연결의 시대(네트워크시대)가 바로 눈앞에 와 있다. 생산적인 활동에 연결을 해야 한다. 왜냐하면 연결의 시대에서는 생산요소가 연결이기 때문이다.

제7의 감각이란 어떤 사물(사람)이 연결에 의해 바뀌는 방식을 알아채는 능력을 말한다. 조슈아 쿠퍼라모는 저서 『제7의 감각, 초연결지능』에서 타고난 5감과 산업화시대의 제6의 감각에 이은 새로운 본능이 초연결사회를 살아갈 새로운 인간의 조건이 될 것이라고 말한다.

연결에 필요한 것은 용기이다. 용기를 내어 접속하는 것이 새로운 세상에서 새롭게 살 수 있는 생산수단(직업)이다.

소비가 생산수단이 되는 시스템을 절대 무시해서는 안 된다. 왜냐하면 소비는 능력에 관계없이 지속되며, 소득증가에 따라 규모도 커지기 때문이다. 생활필수품을 아이템으로 하는 사업의 생명력과 중요성은 아무리 강조해도 지나치지 않는다.

신약성경 4대 복음서에는 예수님이 부활한 후 제자와 추종자들 앞에 나타나는 장면이 총 11번 나오며, 500여 명이 그것을 보지만 단번에 알아본 사람은 없었다고 한다.

나는 그런 현상이 그때만 존재하지는 않을 것이란 생각을 한다. 배움에는 뜨거운 열정이 필요하고, 세상과 사물은 아는 것만큼 보일 것이다.

They asked each other, "Were not our hearts burning within us while he talked with us on the road and opened the Scriptures to us?"

그들이 서로 말하되 길에서 우리에게 말씀하시고 우리에게 성경을 풀어주실 때에 우리 속에서 마음이 뜨겁지 아니하더냐 하고

피터 디아만 디스는 저서 『BOLD』에서 "새로운 풍요의 시대가 온다. 새로운 사업을 대담하게 용기를 갖고 시작하라."고 말했다.

꿈꾸는 소비

CHAPTER

시장과 유통

시장과 유통은 시대에 따라서
어떻게 변화하는가?

　유통이란 재화(상품)나 용역(서비스) 따위가 생산자로부터 소비자에게 도달하기까지 여러 단계에서 교환되고 분배되는 활동으로 정의한다. 그리고 이러한 일련의 유통시스템은 제조업체가 생산한 제품이나 서비스가 흘러가는 단순한 경로가 아니라 새로운 가치와 소비를 창출하는 밑바탕이 된다.

표 17-1 유통의 변화

　기업의 유통 활동은 상품이나 서비스가 생산자나 서비스 제공자로부터 최종 고객에게 이르는 과정에 개입되는 다양한 조직들 사이의 거래 관계를 설계하고, 운영하며, 유통(혹은 마케팅) 기능의 흐름을 촉진시키는 활동을 의미한다.

전통적 관점에서 유통은 한 방향으로 흐르는 수직적 관계이며, 경로는 제조업자 → 총판→ 도매상 → 소매상 → 소비자로 이어진다. 또한 마케팅의 일환으로 소비자를 제외한 제조업자, 총판, 도매상, 소매상은 나름의 판촉활동을 하고, 그러한 광고비는 고스란히 소비자가 부담한다.

소비자 입장에서 유통은 방문판매 - 소매점 - 할인점 - 홈쇼핑 (TV, 인터넷) - 직접판매로 변화되었으며, 변화의 중심에는 제품의 품질과 생산회사의 이득과는 전혀 관계가 없는 유통마진이 있다.

결국 제품과 서비스가 이동하는 단계마다 발생하는 유통의 막대한 마진을 '누가 가져가느냐'의 변천사가 유통의 발달이고 역사이다.

유통은 교통과 통신의 발달에 힘입어 진화하고, 정보가 공유됨에 따라 대기업인 제조업자는 제조보다 유통에 관심을 갖기 시작한다. 왜냐하면 제조업은 유통보다 훨씬 많은 기반시설을 요구하고 제약이 많지만 수익 면에서 감히 비교를 할 수 없기 때문이다.

표 17-2 선진시장의 확산

국가	1940년대	1950년대	1960년대	1970년대	1980년대	1990년대	2000년대
미국	슈퍼마켓	백화점 프랜차이즈 (체인점)	창고형 할인마트	홈쇼핑 다단계 판매	네트워크 마케팅		
일본		슈퍼마켓	백화점 프랜차이즈 (체인점)	창고형 할인마트	홈쇼핑 다단계 판매	네트워크 마케팅	
한국				슈퍼마켓		홈쇼핑	네트워크 마케팅

시장의 변화는 교통과 통신에 따른 접근성과 판매자가 소비자를 대하는 태도의 변화라고 말할 수 있다.

선진국 시장의 기법은 시차를 두고 후진국 시장에 전달되며, 기업들은 선진 시장의 기법을 도입하여 할인점과 홈쇼핑 몰을 개설하고 편리성과 다양성을 앞세워 소비자를 불러들여 유통마진을 챙긴다.

나는 전남 담양의 산골에서 자랐다. 70년대 논밭 뙈기 하나 없어서 무작정 도시로 나갔던 30대들이 노점상을 하고 구멍가게를 하여 얻는 소득이 어지간한 시골부자보다 나은 것을 봤다.

이렇게, 점포라고 하는 소매 가게는 서민들이 부를 이루는 발판이었지만 이제는 전설 속에만 존재하게 되었다. 이제는 서민이 부를 이룰 수 있는 발판이었던 소매점은 더 이상 설 자리를 잃었다.

표 17-3 진화하는 마케팅

		내용
시대	생산시대	1920s 이전
	판매시대	1920s ~ 1960s
	마케팅개념시대	1960s ~ 1990s
	고객관계시대	1990s 이후

마케팅은 표 17-3과 같은 진화과정을 거쳐 고객을 최우선으로 하는 시대가 되었으며, 고객을 최우선으로 하는 마케팅에는 직접판매 네트워크마케팅이 있다. 정보의 대칭은 거래를 투명하게 하고 시장을 계속해서 진화시킨다.

통계청 자료에 의하면 2018년 3월의 온라인 쇼핑규모는 약 9조 원이다. 이러한 통계자료는 대형 오프라인 쇼핑몰도 쇠퇴의 길을 걷고 있음을 의미하며, 시대가 극도로 빠르게 변화하고 있다는 증거이다.

우리는 이와 관련된 미디어 기사를 볼 때마다 내가 과연 안전지대에 머물고 있는지 돌이켜볼 필요가 있다.

이제 우리는 생산자와 소비자가 직접 연결되고 상호작용하는 지구 최후의 마케팅 기법이라는 직접판매에 의한 네트워크마케팅에 관심을 가져야 하며, 거듭거듭 강조하지만 부를 얻기 위하여 이를 학습할 필요가 있다.

다시 언급하지만, 마케딩의 의미는 소비자에게 상품이나 서비스를 효율적으로 제공하기 위한 체계적인 경영활동으로, 시장조사, 상품화 계획, 선전, 판매 등이 이에 속하며, 소비자에게 최대 만족을 주고 생산자의 생산목적을 효율적으로 달성하는 것을 목표로 한다.

이같은 마케팅의 의미를 잘 살펴보면 마케팅 종사자나 파트너 사업자가 어디에 중점을 두어야 하는지 알 수 있다.

첫 번째, 생산회사의 생산목적이 무엇인지 알아야 한다. 생산목적이 오직 수익의 창출이라면 그 회사는 오로지 돈을 벌기 위해 환경이나 소비자의 건강 같은 것은 고려하지 않고 갖은 수단과 방법을 동원하여 수익을 추구하기 때문이다.

이제 가성비가 떨어지거나, 건강과 지구환경에 해로운 제품을 생산하는 회사는 소비자 파워가 강화되는 시대에서 생존하기 어렵다.

두 번째, 소비자에게 최대 만족을 주고 있는지 확인해야 한다. 정보가 실시간으로 공유되는 연결시대에서는 소비자를 만족시키는 회사만이 시장에서 살아남을 수 있기 때문이다.

직접판매 네트워크마케팅

직접판매 네트워크마케팅은 유통의 발전단계에서 생겨난 새로운 시스템이고 연결시대와 맞물려 주목받을 수밖에 없는 마케팅이기 때문에 내가 직장인이든, 사업가든, 실업자든, 대학생이든 상관없다. 누구든지 시스템을 충분히 이해해야 기회를 잡을 수 있고 피라미드 사기를 피할 수 있을 것이다.

이것을 이해하지 못하면 같은 대상을 놓고 누군가는 인생을 바꿀 커다란 비즈니스로 보고, 다른 누군가는 다단계 피라미드로 본다.

생활편의품은 생활필수품이 아니기 때문에 특정된 한 가지 상품을 유통하는 것으로 네트워크마케팅을 하는 것은 거의 불가능하다. 각 가정에서 날마다 사용하는 제품이고, 반복구매가 일어날 수밖에 없는 가격대비 품질이 우수한 제품만이 네트워크마케팅을 하는데 적합하다.

가상화폐 코인, 전화기, 안마의자, 정수기, 공기청정기 등은 누구나 쓰는 것은 아니다. 그리고 실체가 없거나 제품의 교체 주기가 긴 내구성 소비재이므로 장기적으로 지속가능한 소비자네트워크를 만들 수 없다.

합법적인 다단계판매의 아이템은 대부분 고가의 생활편의품이거나 생활필수품이다. 만약 다단계판매의 아이템이 코인이나 금융상품이라면 일단 피라미드 사기를 의심해야 한다.

사전(辭典)적 의미를 가지고 다단계 판매나 네트워크마케팅을 이해하기는 어렵지만, 가장 큰 구분은 다단계판매는 경제(經濟)용어이고, 네트워크마케팅은 경영(經營)용어라는 점이다.

즉 다단계는 단순한 하나의 판매방식으로 세일즈의 개념이고, 네트워크마케팅은 시스템을 만들어가는 것으로 사업의 개념이라는 것이다.

그래서 다단계판매는 아무나 할 수 있지만 세일즈 능력이 탁월한 사람이 성공하고, 네트워크마케팅은 아무나 할 수 있지만 사업가 마인드를 가진 사람만이 지속하여 크고 작은 성공을 거둔다.

표 17-4 용어의 정의

용어의 정의	
다단계 판매	[경제용어] 한 판매원이 다른 사람을 가입시키고, 새로 가입한 사람이 다시 다른 판매원을 구하는 것과 같이 피라미드 식으로 판매조직을 확대하여 물건을 파는 특수한 방식.
네트워크 마케팅	[경영용어] 소비자를 판매자로 삼아 구축한 그물망조직을 활용해 상품을 판매하는 마케팅 방법. 점포 가 없는 상태에서 중간유통 단계를 줄여 유통비용을 줄이고, 관리비, 광고비, 따위의 여러 비 용을 없애 싼 값으로 소비자에게 제품을 직접 공급하고 수익의 일부분을 소비자에게 돌려 주는 체계.

네트워크마케팅은 생산, 분배, 소비라는 경제의 한 축인 소비자가 하는 마케팅이다. 흔히 프로슈머의 활동으로 표현한다. 소비자가 생산에 참여하여 돈을 번다는 의미이며, 여기서 말하는 생산은 소비자가 스스로 경험하여 얻은 신뢰성 있는 지식과 정보이다.

네트워크마케팅은 소비습관을 바꿔서 현명한 소비를 하는 것이다. 소비습관을 바꾸고 현명한 소비를 한다는 것은 인간의 능력과는 관계없이 지속하는 소비를 계획적으로 하면서 생산으로 연결시키면 사업이 되어 소득을 창출한다는 뜻이다.

내가 소비한 가성비(가격 대비 성능) 높은 프리미엄 제품을 다른 사람도 경험할 수 있도록, 내가 경험한 신뢰성 있는 지식과 정보를 전달하는 것으로 파트너 회사를 대리하여 광고 마케팅 활동을 하는 것이다.

가성비 좋은 제품과 더불어 소비자에게 유통마진인 현금을 돌려

주는 마케팅보다 더 좋은 마케팅은 존재할 수가 없다. 그래서 많은 회사들이 포인트, 마일리지, 캐시백이란 이름으로 유통마진의 일부를 떼어주며 고객을 확보하기 위하여 노력한다.

네트워크마케팅은 생산자의 생산 마진과는 전혀 관계없이 소비자가 부담하였던 유통마진을 소비자에게 돌려주는 시스템으로 '방문판매 등에 관한 법률 20조 3항'에 의하면 후원 수당은 35%를 초과할 수 없도록 규정하고 있다.

우리나라는 현재 직접판매공제조합(https://www.macco.or.kr)에서 다단계 판매 및 후원방문 판매로부터 발생하는 소비자 피해를 보상하고 예방하기 위한 안내와 홍보를 하고 있다.

하지만 여전히 금융피라미드 사기를 당하고 있는 것을 보면 눈앞의 수익에 현혹되어 사실관계를 확인하지 않고 뛰어들기 때문일 것이다. 직접판매 네트워크마케팅은 생활필수품으로 하는 것이지 금융이나 금융상품으로 하는 것이 아니다.

네트워크마케팅은 무위험의 매력적인 사업이지만, 충분한 수입을 얻을 수 있을 정도의 네트워크는 하루아침에 이뤄지지 않기 때문에 성공하려면 평생에 걸쳐 '나의 회원'이라는 자산을 쌓아가려는 자세가 필요하다는 사실을 알아야 한다.

상생이 기본인 매력적인 "연결사업"은 1959년 미국에서 시작되었다. 개인 간의 접촉에 의하여 전달되기 때문에 신뢰성이 있으며, 인간관계를 중시하고 비전을 가진 사람이 자산을 쌓기에 적당한 사업이다.

연결사업은 정보가 공유되어 사회가 투명해지고, 선진화되고, 경제적 의식 수준이 높아질수록 각광받는 사업이다.

이 사업은 21세기 공유와 연결의 시대에 적합한 소비자 참여사업으로, 나의 쇼핑몰에서 내가 소비하는 것이며, 내가 소비한 물건에 대하여 학습하는 것이고, 내가 소비습관을 바꿨음을 타인에게 알리는 것으로, 지출로 끝나야 할 소비가 일정한 룰에 의하여 다시 수입으로 환원되는 시스템이다.

네트워크마케팅에서 발생한 소득은 시스템소득이고, 시간과 지식과 경험이라는 자본을 투자한 자본소득이며 권리소득이기 때문에 부(富)를 지향하는 사람은 필히 관심을 가져야 한다.

계획적인 소비를 할 수 있는 플랫폼을 찾아서 소비생활을 하면 소비가 프리미엄 라이프 스타일을 가능케 하는 사업이 된다. 이것은 이론이 아니라 팩트이며 증명된 사업이다.

이 사업을 시작하는데 자본은 들지 않지만 지식과 경험을 유통하기 때문에 제품과 사업에 대한 많은 경험과 학습이 필요하다.

하지만 많은 사람들이 사업에 대한 학습이 끝나기도 전에 과도한 기대와 열정을 가지고 사업을 시작하여 곧바로 그만두는 경우가 있다.

이 사업은 농사를 짓는 것에 비유할 수가 있다. 씨앗을 뿌리고, 성장을 도우며 지켜보고, 곡식을 수확할 때를 기다리는 것이다.

그러나 임시소득에 익숙한 사람들은 이를 인내하지 못하고 포기하기 때문에 성공하지 못한다.

표 17-5 가트너 하이프 주기

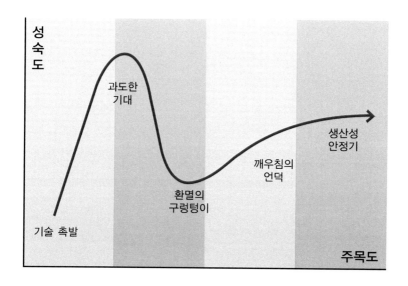

모든 새로운 획기적인 시스템이 시장에 도입될 때와 마찬가지로 네트워크마케팅 사업도 성장하는데 특성이 있다. 표 17-5의 〈가트너 하이프 주기〉가 적용되는 사업이다.

본인이 이해 못한 사업을 과도한 기대만 가지고 남에게 이해시키기는 어렵다. 그리고 사업을 이해하지 못한 사람들에 의해 거절을 당하다 보면 거절에 대한 두려움이 생기고 스스로 마음에 상처를 만들어 용기를 잃고 환멸의 구렁텅이에 빠진다.

나의 네트워크를 형성하는데 걸리는 시간은 내가 사업가 마인드를 가진 리더가 되기까지 얼마나 시간이 걸리느냐에 달려있다.

이 사업은 사람이 되어가는 것에 대한 이해를 하게 되고, 이러한 깨우침이 동력이 되어야 비로써 기하급수적으로 성장하는 특성을 가지고 있다. 때문에 자기계발을 함에 따라 부차적으로 따라오는 사업의 성공은 오직 본인의 의지에 달려있다.

네트워크마케팅의 장점

사업임에도 불구하고 사업자금, 사업장, 직원이 불필요하기 때문에 위험부담이 전혀 없다. 사업의 규모, 시간, 목표, 활동 등에 제약도 없다. 이러한 이유로 쉽게 시작하고, 쉽게 그만둔다.

네트워크마케딩사업은 공무원과 학생만 아니라면 진입장벽이 전혀 없다. 연결시대의 트렌드인 수평연결사업이기 때문에 모두가 평등한 조건에서 사업을 시작할 수 있다.

이 사업을 정확히 이해한 사람들은 사업을 규제하는 법률이 존재하고, 남에게 피해를 주지 않으며, 공직사회나 기업의 수직이나 선착순 조직과 전혀 다른 수평으로 연결된다는 것을 안다.

알면 알수록, 그 어느 것보다 더 도덕적이고, 더 윤리적이고, 더 합법적인 이 사업은 상생을 기본으로 하기 때문에 충분히 경험한 사업자들은 엄청난 자부심을 가지고 있다.

이 사업은 시간에 구애받지 않기 때문에 부업으로 시작이 가능하며, 가정에서 매일 쓰는 생활필수품이기 때문에 여성이 참여하기 쉽다.

오직 새롭게 배우고 시대에 맞게 살려고 하는 사람에게 열려 있는 사업으로 21세기 연결의 시대에 가장 맞는 사업 중 하나라고 할 수 있다.

또한 전통과 역사가 있는 글로벌 회사는 경쟁에서 살아남을 수가 있으므로, 본인의 네트워크는 얼마든지 상속이 가능하다. 네트워크 마케팅이 가장 먼저 시작된 미국에서는 이미 상속자가 사업을 이어 가고 있다.

S&P 500 기업의 평균 존속 기간은 50년 전에는 61년이었지만 2012년에는 18년으로 단축되었다고 한다. 아무리 좋은 시스템이라 하더라도 망하는 회사는 있기 마련이다. 어렵게 축적해놓은, 상속이 가능한 자산을 잃지 않으려면 파트너 회사를 선택함에 있어서 신중을 기해야 한다.

표 17-6 네트워크마케팅에 대한 어록

인물	내용	비고
Alvin Toffler	소비자가 돈을 쓰며 버는 시대가 온다.	미래학자 제3의 물결, 부의 미래 저자
Bill Gates	인터넷 혁명이 시작되면 대기업의 절반은 사라질 것이다. 마이크로 소프트를 능가하는 회사가 있다면 아마도 네트워크 마케팅 회사 일 것이다.	마이크로 소프트
Robert Kiyosaki	일반인이 부자로 갈 수 있는 유일한 방법이다. 부자들이 네트워크를 키울 때 보통사람들은 일자리를 찾는다.	부자아빠 가난한 아빠 저자
Bill Clinton	네트워크마케팅은 전세계의 핵심가치를 증진시키며, 사람들에게 인생을 최대한 이용할 수 있는 기회를 제공하고 있다.	42대 미국대통령
Tony Blair	직접판매는 급변하는 경제와 고용시장에서 훌륭한 사업의 기회를 제공하고, 특히 여성인력의 전반적인 반영에 엄청난 기여를 하고 있다.	전 영국총리
John Naisbitt	네트워크마케팅이야 말로 개인이 성공할 수 있는 최고의 기회다.	High-Tech High-Touch 저자
박영숙	한 가지 일, 나 혼자 하는 일로는 미래를 헤쳐나갈 수 없다. 1인 기업이라 하더라도 탄탄한 네트워크가 없으면 성공할 수 없다.	유엔 미래포럼대표 유엔미래보고서 저자
이윤보	때로는 주위 사람들로부터 오해를 받기도 하지만, 무일푼 또는 자금이 거의 없는 사람이 사업에 진입하여 창업에 성공할 수 있는 분야로 네트워크마케팅은 많은 사람들로부터 각광을 받고 있다.	건국대학교 교수 소상공인진흥원 초대 이사장

네트워크마케팅 사업은 21세기 연결시대에 접어들어 각광받는 사업의 하나이기 때문에 사회지도층에 위치한 사람들도 이에 대하여 많이 언급을 했다.

다니엘 핑크의 저서 『파는 것이 인간이다』에 시장의 변화에 대하여 통찰해 볼 수 있는, 우리가 꼭 기억해야 할 글이 있어서 정리해 봤다.

표 17-7 주머니 속 상점

내용	
1	모든 이들이 주머니 속에 자신의 상점을 넣고 다니는 때이다.
2	터치 한 번으로 다른 사람의 상점을 방문할 수 있게 된다.
3	특별한 사람이 기업가가 되는 것이 아니라 누구나 기업가가 된다.
4	최소한 생활의 일부라도 상점을 통해 영위해 나가는 세상이 된다.
5	기업가의 세계는 곧 세일즈맨의 세계이다.

우리가 손에 들고 다니거나 주머니에 넣고 다니는 스마트폰 안에는 수많은 타인의 쇼핑몰 앱(app)이 있다. 터치 한 번으로 쉽게 상점을 방문할 수 있는 세상에 살고 있는 것이다.

남들은 모두 상점을 주머니에 넣고 다니며 기업가로 활동하면서 생계에 필요한 약간의 돈이라도 벌고 있다.

오직 나만 빈 주머니로 다니면서 가난하다고 말할 수 있는지, 그러면서도 부자가 되기를 원하는지, 심각히 생각해 봐야 한다.

표 17-8 네트워크마케팅이 21세기 비즈니스인 이유

	내용
1	삶을 변화시키는 교육 시스템을 갖고 있다.
2	직업을 바꾸는 것 이상의 의미를 지닌다.
3	적은 비용으로 사업을 구축할 수 있다.
4	부자들이 투자하는 대상에 투자할 수 있다.
5	꿈을 현실로 만들 수 있다.
6	네트워크의 진정한 힘을 발휘한다.
7	마음에 품고 있는 가치가 현실을 결정한다.
8	리더십의 가치를 일깨워준다.

로버트 기요사키는 저서 『부자 아빠의 21세기형 비즈니스』에서 네트워크마케팅이 미래를 보장해준다고 말한다. 그가 언급한 표 17-8의 내용을 보면 돈 버는 사업을 떠나서 배울 것이 많이 있음을 알 수 있다.

캐서린 라이언 하이디의 『트레버 - 열두 살 소년의 아름다운 제안』을 읽으면 네트워크의 확장성에 대해 이해할 수 있다.

트레버의 이야기는 사건을 취재하는 기자가 받은 "폭력배 사망률이 급격히 줄고 있는데 뭔가 이유가 있는 것 같다."란 제보로부터 시작된다.

줄거리는 초등학교 사회 선생님이 학생들에게 '세상을 바꾸기 위한 나'라는 주제로 숙제를 냈고, 그 숙제에 대한 트레버의 아이디어는 "세 사람에게 좋은 일을 해주는 것."이었다. 이 아이디어에는 도움받은 사람들이 "은혜를 어떻게 갚죠?" 하고 물으면 "Pay it forward!", 즉 다른 사람에게 베풀라고 답하는 것도 포함되어 있다.

도움받은 세 사람이 각각 세 사람씩 돕도록 하는 것이다. 그러면

9명이 도움을 받고, 그 다음에는 27명이, 그 다음에는 81명이, 그 다음에는 242명이, 그 다음에는 792명이, 그 다음에는 2,187명이… 이렇게 도움을 받는 사람의 수가 순식간에 엄청나게 늘어난다.

트레버는 세 사람을 돕고, 그들이 약속을 지켰는지 아닌지 모른 상태에서 노상에서 벌어진 싸움을 말리다가 열네 번째 생일을 얼마 남기지 않고 흉기에 찔려 죽었다.

트레버의 장례식에는 2만여 명이 참석했는데, 그 사람들은 트레버의 아이디어를 실행한 사람들이었다.

트레버는 말했다.

"누군가를 정말로 돕고 싶다면 그리 큰일이 아니어도 괜찮아요. 아세요?"

네트워크마케팅 사업을 잘 이해하면 이 사업이 누군가를 돕고, 누군가와 함께 인간이 되어가는 방법을 학습하자는 것임을 알 수 있다.

마무리하며

기분 좋은 만남이란 무엇인가?

나는 이 책이 계기(契機)가 되어 많은 사람들이 일상(日常)을 새롭게 보고, 자기 자신을 만나고, 사람을 만나고, 기회를 만나고, 꿈을 만나고, 감사를 만나기를 바라는 마음이다.

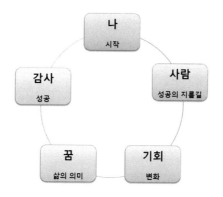

인간으로 의미 있는 삶을 살기를 원한다면 우선 '나' 자신을 만나야 한다. 내 안에 있는 신이 주신 6가지 품성인 다양성, 존엄성, 무한가치, 잠재능력, 자유의지, 그리고 꿈을 만나서 긍정성, 자존감, 자신감을 키우고 용기를 내어서 나를 일으켜 세워야 한다.

왜냐하면, 'The Way'로 표현하는 신(神)의 길, 부(富)의 길, 미(美)의 길, 강(康)의 길은 일어나서 걷고, 달리는 자만의 것이기 때문이다.

바라보는 것만으로도 삶의 지표가 되고 조언을 받을 스승과 리더들을 만나는 것이 성공의 지름길이다. 그리고 기회를 만나면 변화하여야 하고, 삶의 의미와 목적을 찾기 위해서는 꿈을 만나야 하며, 미리 감사하면 성공을 만날 수가 있다. 이것이 만남의 필요성이고, 만남이 주는 혜택이며, 기분 좋은 만남이다.

기분 좋은 만남을 주는 사람들은 우리에게 긍정의 에너지를 충전시켜준다. 우리의 도마뱀의 뇌가 꼬리를 자르고 도망치라고 할 때 동기를 부여하고, 두려움을 떨쳐낼 용기와 할 수 있다는 자신감을 갖도록 응원하고, 부정적인 생각 대신 긍정적인 사고를 유도한다.

이들은 공감하는 말을 한다. 그리고 인정하고, 수용하며, 연민과 사랑으로 격려하고, 함께하기를 원한다.

이들이 사용하는 단어는 주로 희망, 가능, 성공, 꿈, 의미, 도전, 지금, 미래, 비전 등이다. 이들은 우리가 항상 가까이해야 할 좋은 사람들이다.

기분 좋은 만남이 절대적으로 필요한 이유는 우리가 보고, 느끼고, 판단하고, 행동하는 모든 것이 상대적이기 때문이다.

경제는 사람이 생활에 필요한 상품이나 서비스를 생산, 유통, 소비하는 모든 활동으로 정의된다.

소비는 인간이 태어나서 죽을 때까지 하는 것이고, 살아있다면 한 정치산자든 금치산자든, 능력이 있든 없든 관계없이, 어느 장소에서나, 누구나 빠짐없이 한다. 그리고 누구나 의식적이건 무의식적이건 정보와 지식을 생산하고, 유통하고, 소비한다.

내가 봐서 깨닫고, 들어서 깨닫고. 경험해서 깨달은 내용이 지식이고 정보이다. 많은 사람들이 이렇게 생산된 정보를 누군가에게 전달(유통)했지만, 이것이 경제활동인지는 모르는 경우가 많았다.

사업은 주로 생산이나, 영리를 목적으로 지속적이고 계획적으로 경제활동을 하는 것이다. 그리고 이러한 사업이 기반이 되고, 대대로 계승이 되면 기업이며, 이러한 기업과 사업을 계획적으로 관리하고 운영을 하는 것이 경영이다.

마케팅은 경영활동이다. 소비자에게 상품이나 서비스를 효율적으로 제공하기 위한 체계적인 활동으로 여기에 포함되는 것이 시장조사, 광고, 기획, 판촉, 판매 등 시장과 관련된 것이다.

마케팅의 목적은 소비자에게는 최대 만족을 주고 생산자의 생산 목적을 효율적으로 달성하는 것이고, 경제, 사업, 기업, 마케팅, 경영에 관한 고민을 하는 사람들이 사업가이고 기업가이다.

우리는 이미 경제활동을 하고 있다. 이 경제활동을 영리를 목적으로 하여 지속적이고 계획적으로 마케팅 활동을 한다면, 우리 모두 최소한 1인 기업가나 사업가가 되어 자립할 수 있다는 의미이다.

많은 사람들이 무엇에 집중해야 할지를 몰라서, 그리고 무지해서 기회를 잡지 못하면서 안다고 생각하여 외면한다. 매일매일 생산하고, 유통하고, 소비하는 경제활동을 지속하면서도 계획적으로 하지 못하여 자립하지 못한다.

가난을 벗어 던질 수 있는, 시간이 자본인 황금시대에 살면서도 그것을 경영하지 못하여 가난하게 산다. 오직 심기만 하면 잘 자라는 마음 밭에 종려나무가 아닌 떨기나무를 심으며 과일이 열리기를 바란다.

이것은 우리가 변화를 의식하지 못하기보다는 나와는 무관하다고 애써서 외면하기 때문일 것이다.

나는 더디게나마 신(神)의 길, 부(富)의 길, 미(美)의 길, 강(康)의 길을 걷고 있고, 품성을 계발하여 의식수준을 높여가고 있다.

그러나 아주 오래전 기분 좋은 만남이 무엇인지 모르는 상태에서 내가 스스로 관계를 맺으며 채워온 부정적인 산물(産物)이 지금도 항아리 밑바닥에 많이 남아 있어서 흔들릴 때마다 요동친다.

지나간 삶을 되돌아보면, 나는 오직 환경에 적응하며 목적이 없는 삶을 살며 반응하는 삶을 살고 있었다.

나름 최선을 다하여 살았지만 한계가 있었다. 누군가 조금만 깨우쳐 주었으면 보다 나은 삶을 살았을 수도 있었다는 생각을 많이 하였다.

돌이킬 수 없는 과거를 생각하며 허무감에 실의에 빠져 지내던 시점에 암웨이를 만났고, 그 후 바라보는 것만으로도 동기부여가 되고 본받고 싶은, 엄청나게 기분 좋은 리더를 만났다.

한국암웨이 FCA Eagles Group을 이끌며, WWCC 사랑의 운동본부(http://www.wwcc.or.kr/)를 통하여 기부문화를 확산시키며 국내는 물론 지구촌 곳곳에서 활약하고 있는 김일두 탑 리더를 내 나이 만 60세가 되던 여름에 뵈었다.

많은 사람을 선한 부자로 만들어 나눔을 실천하려는 김일두 탑 리더의 비전과 영향력은 상상을 초월한다.

데이비드 호킨스 박사가 말하는 의식수준 700 이상으로 인간의 경지를 벗어나 있다고 말해도 과언이 아니라 생각한다.

ABO(Amway Business Owner)가 되어 학습을 하면서 네트워크마케팅 사업이 무엇인지 미미하게나마 알고 나니 내가 추구해야 할 것이 무엇인지 확실해졌다. 지금은 오직 '그 길'을 가려고 공부를 한다. 그리고 명상을 한다.

시작한 지 얼마 되지 않는 학습과정에 있지만 작은 결실이나마 있어서 희망이 있고, 이 희망이 그 길(The Way)을 계속 가도록 동기를 준다.

광주전남혁신도시 인근은 배 산지로 유명하다. 지금은 탐스런 열매가 가득했던 나뭇가지에 추위에 지친 나뭇잎이 듬성듬성 달려있다.

100년 만의 폭염이라는, 가실 것 같지 않던 여름도 어느새 지나가 겨울의 문턱에 들어섰기 때문이다.

가실 것 같지 않은 겨울도 지나갈 것이고, 봄이 오면 그 앙상했던 가지에 하얗게 꽃이 피고 열매를 맺을 것이다.

우리가 오늘 심던 내일 심던, 심어진 배나무는 수년이 지나 봄이 되면 분명히 꽃을 피우고 열매를 맺을 것이다.

나주에 처음 이사를 와서 겨울을 나고 봄이 되어 17층 아파트에서 밖을 내다보니 온통 하얀 배꽃이었다. 멀리서 바라본 누군가는 메밀꽃이라 우길 수도 있겠지만 분명히 배꽃이었다.

꿈꾸는 소비를 실현하기까지

1954년 논은 계단식이고 밭은 바위가 구르는 전남 담양의 산골에서 5남매의 넷째로 태어났습니다. 저의 아버지는 "낫 놓고 기역 자도 모른다. 남들과 싸워본 적이 없다."는 말씀을 자주 하셨는데, 그 의미를 지금은 알 것 같습니다.

부모의 농사일을 도우며 학교를 다녔습니다. 고등학교 졸업증명서만으로 서울전자공업직업훈련소에 입학하여 무선통신공학과 2년을 수료하고 전파통신기사 2급 자격증을 취득했습니다.

선박무선통신사가 되면 돈을 많이 벌 수 있다는 말을 듣고, 1975년부터 14년간 선원이 되어 전 세계의 바다를 항해하면서 많은 나라의 항구를 드나들며 견문을 넓혔습니다. 당시 선박무선통신사로 취업을 하고 받은 월급이 면사무소 5급(현9급) 공무원이던 형의 연봉에 해당되어 가난을 벗어나 동생을 대학에 보낼 수 있었습니다.

인생을 항해라고 표현하듯이 삶에 도움이 되는 많은 것을 바다를 통하여 배우기도 했습니다.

항구나 연안에는 수많은 쓰레기의 부유물이 떠다니고 있습니다. 적지 않은 사람들이 그것을 보고 바다가 더럽다고 말하기도 합니다. 그러나 대양의 한 가운데는 바랄 수 없을 만큼 깨끗합니다. 그리고 바다 깊숙한 곳에는 무엇이 있는지도 모르며, 의식을 집중하지 않으면 변화조차 느끼지 못합니다.

제가 보는 많은 것이 그랬습니다. 겉만 보면 오해할 수도 있고 모를 수도 있다는 사실입니다. 오직 내면을 깊숙이 들여다보아야만 알 수 있는 것이 많이 있었습니다. 바닷물 속을 들여다보지 않으면 오직 바닷물만 보입니다.

4년제 대학교 학위가 없기 때문에 전파통신기사1급의 자격은 승선경력 2년을 인정받아 시험을 치루고 취득하였습니다. 기사2급은 을종선박통신기사, 기사1급은 갑종선박통신기사가 될 수 있습니다. 갑종해기사는 선박의 톤수에 제한을 받지 않고 승선근무를 할 수 있어서 1급 자격을 취득해야만 했습니다. 1급 자격증을 가진 통신해기사는 많지 않았기 때문에 희소성을 바탕으로 제가 원하는 선박회사에 취업할 수가 있었습니다.

1989년 승선생활을 끝으로 자가용이 붐을 이루기 시작하던 1990년 자동차 인테리어 도매상을 시작으로 카센터를 15년간 운영하면서 많은 사람을 만났습니다. 1990년대는 기계식 자동차에 전자제어장치(ECU)가 장착되는 시점이라 전자공학을 공부했었던 저는 자동차정비에 어려움이 없었습니다.

자동차정비업을 하려면 선임기사가 필요한데, 규모가 작은 카센터는 기사의 이직이 심하여 그때마다 선임계를 제출하는 것이 불편하여 제가 자동차정비기능사 2급 자격증을 취득해야만 했습니다.

어느 날 아침 신문을 보니 글자가 2개로 보이기 시작하면서 노안이 찾아왔습니다. 거울 속에 비친 나의 얼굴은 이마에 주름이 잡혀 있었고, 일감을 보면 점차 짜증이 나기 시작했습니다. 설상가상으로 자동차 회사의 직영카센터가 생기면서 수입은 줄고 쉬는 시간은 많아졌습니다. 뭔가 새로운 직업이 필요하다는 생각을 했습니다.

생활정보지에 있는 '공인중개사'가 갑자기 눈에 들어왔습니다. 저는 한가할 때 뭔가를 배워야 한다는 것을 어릴 때 터득했고, 독학에 소질이 있어서 틈틈이 공부를 하여 공인중개사 자격을 취득하였습니다.

아들은 취업을 하여 객지에 있고, 마침 딸도 결혼을 하여, 생활비 부담이 없었기 때문에 다른 직업을 가져도 되겠다는 생각으로 2005년 부동산중개업을 시작하여 10년 동안 많은 사람을 만났습니다.

2014년부터 ABO(Amway Business Owner)가 되어 네트워크마케팅 사업의 공부를 시작하였고, 2016년 "플래티넘 핀"을 성취하여 네트워크마케팅 사업의 새내기가 되었습니다.

하나님은 우리에게 많은 능력을 주었지만, 우리는 그것을 인식하거나 이해하지 못해서 원하는 삶을 살지 못하고 있다는 생각을 많이 했습니다. 그리고 지속가능한 꿈이 있고, 꿈의 성취를 떠나서, 그 꿈에 대한 소일거리가 있다면 늙어서도 행복할 것이라는 생각도 했습니다.

제가 부족한 것이 너무 많다는 사실은 충분히 인지하고 있지만, 의사전달이 중요하다는 생각으로 용기를 냈습니다. 그리고 외국을 다니면서 영어도 일어도 통하지 않는 사람들을 만나서 손짓·발짓으로 의사소통을 한 경험이 용기에 용기를 더하여 졸작을 출판했습니다.

이제, 감사 말씀을 드립니다.

간구할 때마다 지혜를 주시고, 필요를 충당해 주신 하나님 감사합니다.

서툰 글로 인하여 많은 시간을 할애하여 수정에 수정을 해서 출판을 도와준 북랩의 임직원 여러분 감사합니다.

끝으로,

저에게 많은 가르침을 주신 "안전드림패밀리"의 열거할 수 없을 만큼 많은 리더와 파트너 리더, 그리고 조카 이승환과 저의 가족에게 감사합니다.

2018년 12월

이성배 배상

꿈꾸는 소비